日韓併合の収支決算報告

―〝投資と回収〟から見た「植民地・朝鮮」―

青山 誠
Makoto Aoyama

彩図社

はじめに

明治43（1910）年8月22日、大韓帝国の首都・漢城（かんじょう）（現在のソウル特別市）において韓国統監・寺内正毅と大韓帝国首相・李完用（イワンヨン）が『韓国併合ニ関スル条約』に調印した。これによって大韓帝国は消滅し、その領土である朝鮮半島も日本の領土に編入された。

併合とはふたつの国がひとつになることであり、本州や四国と同様に朝鮮半島も日本の「国内」という扱い。国外に得た領地を本国の統治下に置いて支配する植民地とは違う。ということなのだが……しかし、併合後は朝鮮総督府が設置され、日本内地とは分けて独自の統治がおこなわれた。また、独自の通貨の〝朝鮮円〟も流通させている。

統治機構や経済は日本内地と切り離すのは、植民地である台湾と同じやり方である。それでも「植民地」ではなく「国内」といえるのか？

そもそも日本の植民地経営は、欧米列強とは違う独特のものだった。明治維新後に日本に併合された沖縄や北海道のように、日本は植民地である台湾や樺太、南洋群島に対しても、日本国内と同水準の教育環境やインフラを整備しようとする。また、植民地住民にも日本人と同じ教育をおこない、同化させることもめざしていた。

本国と植民地の間に明確な線引きをする欧米式の植民地経営とは違って、日本は「国内」と「植民地」を曖昧にしていたところが多分にある。実際、日本国内であるはずの朝鮮半島では、植民地の台湾と同じように日本式の植民地統治がおこなわれている。一方、植民地・台湾では、朝鮮半島や日本内地と同じように各地に学校を建設して子供たちの教育をおこない、充実したインフラが整備されていた。

日本の為政者たちは「併合」「植民地」という言葉には、あまりこだわっていなかったのかもしれない。どっちでもよかった。内地と外地の分別はなく、ただ「日本の版図を広げたい」と、その思いが強かったのだろう。

併合だろうが植民地だろうが、日本の領土が増えればそれでいい。日本内地なみにインフラを整備し、そこに住む者たちには日本人と同じ教育をほどこす。それで、日本への帰属意識が高まれば、治安は安定するし日本のために働く人的資源も増える。

しかし、利益を最優先に考える欧米式植民地経営と比べると、日本式のやり方では費用負担が大きくコストパフォーマンスが悪い。投資を回収することはできるだろうか？　朝鮮半島に関しては、最初からその不安が大きかった。製糖や樟脳（しょうのう）など有望な輸出物に恵まれた台湾とは違って、朝鮮半島には得るべき資源が乏しい。貧困が蔓延して市場としても期待できそうにない。

それを危惧した韓国統監・伊藤博文は日韓併合を躊躇（ちゅうちょ）していた。大韓帝国を保護国のまま存続させるべき。間接的な支配で踏みとどまっておけば、コストは大幅に抑えられるのだからと……。

それでも、併合が実行された。朝鮮半島は日本本土防衛の地政学的重要地点であり、日本が満州や中国本土へ勢力を広げるにも最適の前進基地になる。軍事上の要所を確実に確保しておきたいという採算を度外視した思惑。それにくわえて、日本が直接統治すれば近代化は実現し、利益のでる土地に成長するはず。と、そんな自信や慢心もあったのだろう。

さて、結果はどうだったか？

35年間の植民地経営では多額の赤字を計上し、日本は投資分を回収することができずに朝鮮半島を去った。その損害はいったいどれくらいになったのか？　ここまで金を使って、得たものは本当に何もなかったのか？　そのあたりを、じっくりと見ていこうと思う。

２０２１年8月6日　　青山誠

『日韓併合の収支決算報告』目次

【第四章】皇民化のコスト

【第七章】いまも増殖し続ける負の遺産

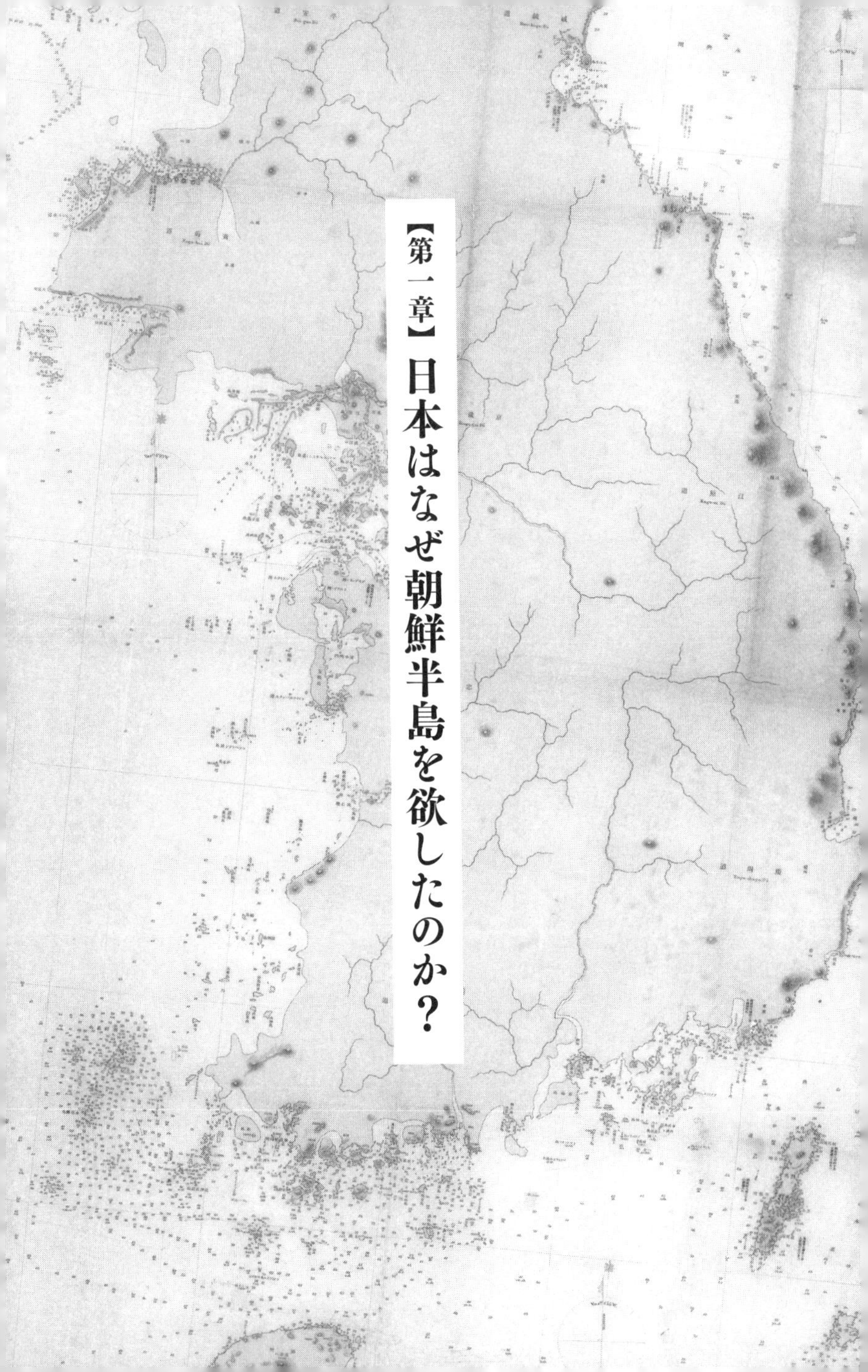

【第一章】日本はなぜ朝鮮半島を欲したのか？

山縣が説いた主権線と利益線

維新後の日本は各地の港湾や海峡に砲台を設置し、沿岸警備用の小型艦艇を充実させることを急いだ。

当時の国防方針は、日本の四方に広がる海から侵攻してくる外敵に備えることがすべて。鎌倉幕府がモンゴル軍の襲来に備えて、博多の海岸に防塁を築いたのと同じだ。相手の武力攻撃を受けてから初めて軍事力を行使する……という、現代日本とも通じる専守防衛の戦略。しかし、最初から戦場を国境の内側に想定していれば、国土が被害に晒(さら)される。

大日本帝国憲法が施行されて近代国家建設がひと区切りついた頃、そんな国防方針にも変化が起こる。明治23（1890）年3月、内閣総理大臣・山縣有朋(やまがたありとも)が「外交政略論」を発表した。そこには、

「国家独立自衛の道二つあり。一に曰(いわ)く主権線を守禦(しゅぎょ)し他人の侵害を容(い)れず、二に曰く利益線を防護す自己の形勝を失はず」

と、ある。「主権線」とは従来の国境線のことであり、さらにその外側には国家の利益と

明治29（1896）年、ロシアを訪れ、ニコライ二世の戴冠式に出席した山縣有朋（写真前列中央）。山縣の右に座っているのが、ロシア皇帝のニコライ二世。

深くかかわる「利益線」が存在するというのだ。日本の安全を守るには、この利益線の防衛も不可欠だと説いた。つまり、城でいうならば国境線は内堀、利益線は外堀。二重の防壁で国土を守ろうというのである。

では、その外堀をどこに置くのか？　それについて山縣は、

「我邦利益線の焦点は実に朝鮮に在り」

このように明言している。そして、

「然るに朝鮮の独立は西伯利鉄道成るを告るの日と倶に薄氷の運に迫らんとす。朝鮮にして其独立を有つこと能はず、折げて安南緬甸（注：仏領ベトナムと英領ビルマ）の続とならば、東洋の上流は既に他人の占むる所とな

り、而して直接に其危険を受る者は日清両国とし、我が対馬諸島の主権線は頭上に刃を掛くるの勢を被らんとす」

朝鮮半島を友好的な中立国として存続させることが、日本の利益になると言う。この時点ではまだ、植民地化や併合を意図してはいない。

しかし、朝鮮半島を統治する李氏王朝は、頼りなくて脆い外堀だった。いまの状況では日本の安全が守れないという危惧を抱いてもいる。外堀を強化せねば。そのためには、もっと積極的に朝鮮半島に関与する必要がある、と。

『外交政略論』が発表される5年前の明治18（1885）年には、その不安が現実となる事件が起きる。ウラジオストックに駐留するロシア太平洋艦隊が、朝鮮半島に南下する動きを見せていた。それを察したイギリスがロシアを牽制するため機先を制し、アジア艦隊を動かして朝鮮半島南岸の巨文島を占領したのである。

朝鮮政府はこの事態にまったく気がついていない。現地の役人たちが政府に連絡せず、見て見ぬふりで傍観していたのだ。

在朝鮮日本公使館から事態を告げられて、朝鮮政府の中央もはじめて国土を外国軍隊に占

巨文島遠景（『明治廿七八年戦役写真帖』

明治18（1885）年にイギリスによって占拠された巨文島。イギリスは古島に兵舎を建て、上海との間に電話線を敷くなどしたが、朝鮮政府は無関心で特に対抗策をとらなかった。

領されていたことを知る。それでも反応は鈍く、

「李朝はまったく無関心、他人事のようだった」

と、公使館から日本に送られてきた状況報告にも、半ば呆れた感じがある。この朝鮮政府のお気楽な態度に、日本政府も不安になる。

自国領土を他国軍隊に占拠された朝鮮側よりも、事態に慌てたのはむしろ日本のほうだった。幸いイギリスは朝鮮半島に対する領土的野心が希薄で、2年後には艦隊を撤退させて事なきを得ている。しかし、これがロシアだったらどうなっていたか。一度、占領した不凍港を易々とは手放さないだろう。そうなると、日本は喉元に合い口を突きつけられ

たような状況に陥ってしまう。

「朝鮮半島がこのまま無防備な状態では不味い」

事件を契機に、日本は利益線・朝鮮半島の防衛を強く意識するようになった。

また、利益線という言葉には、日本の「経済圏」という意味もある。日本が列強と対峙できる強国への成長をめざすには、飛躍的な経済発展が必要だ。それを達成するには、国境線の内側に限られた経済圏はあまりに小さすぎる。

技術力や工業力で劣る日本製品が、欧米諸国に輸出できる商品といえば生糸や茶くらいだろうか。また、アジアの大半は欧米によって支配される排他的経済圏であり、日本企業の製品を売るにも様々な制約がある。

そのため輸出額は思ったように伸びなかった。明治18（1985）年の日本の総輸出額はわずか3790万円。消費者物価指数をもとに現在の貨幣価値に置き換えると、2283億5000万円という数字になる。世界貿易に占めるシェアは0・5%だった。

2019年の日本の輸出総額約77兆円と比較すると、いかに小さな商売だったかということが分かる。また、輸入超過でもあり、貿易収支は毎年数百万円の赤字。貴重な金銀が流出

世界貿易に占める主要国のシェア（Hilgert, F.「League of Nations」より）

期間	世界貿易（金額）		アメリカ		ドイツ		イギリス		日本	
	輸入	輸出	輸入	輸出	輸入	輸出	輸入	輸出	輸入	輸出
1881-85	7,700	6,760	(8.7)	(11.5)	(9.8)	(11.2)	(21.3)	(16.7)	(—)	(—)
86-90	7,890	6,960	(9.1)	(10.4)	(10.8)	(11.1)	(20.2)	(16.1)	(—)	(—)
91-95	8,390	7,370	(9.4)	(11.9)	(11.7)	(10.2)	(20.7)	(15.0)	(0.5)	(0.7)
96-1900	9,810	8,690	(7.6)	(13.1)	(12.6)	(11.1)	(20.5)	(14.2)	(1.2)	(1.0)
1901-05	11,940	10,910	(8.1)	(13.1)	(12.2)	(11.0)	(19.2)	(13.2)	(1.4)	(1.2)
06-10	15,650	14,320	(8.6)	(12.2)	(12.8)	(11.3)	(16.8)	(13.5)	(1.3)	(1.3)
11-13	19,920	18,320	(8.6)	(12.0)	(12.5)	(11.8)	(15.2)	(13.0)	(1.5)	(1.4)
1913	21,050	19,450	(8.6)	(12.5)	(12.2)	(12.4)	(15.2)	(13.1)	(1.7)	(1.6)

（単位：百万ドル、%）

しつづけていた。これでは列強への参画など夢のまた夢……。

ジリ貧の状況からの脱却をめざす。その唯一の突破口が朝鮮半島だった。明治9（1876）年、日本は武力を背景に李氏王朝を恫喝して「日朝修好条規」を締結している。それは幕末期に日本が欧米列強と締結した〝不平等条約〟とほぼ同じ内容だった。

かつて橋本左内や吉田松陰も、軍事力が脆弱な朝鮮半島を欧米より先に侵略して、日本の国力を養うべきだと説いている。すでに幕末期から、日本人は朝鮮半島を自分たちの縄張りとして意識していた。維新政府の中枢に座った松蔭門下生たちにも、当然、その意識は受け継がれている。

日朝修好条規の締結によって、日本商品を朝鮮半島に無関税で輸出できるようになる。日本円の流通が認められ、治外法権によって邦人の安全も保障された。朝鮮半島は、日本が優位に立って商売できる世界で唯一の場所となる。日本の商人たちが殺到して市場開拓がさかんになり、朝鮮半島とのかかわりが深くなってゆく。

明治24（1891）年になると、ロシア皇帝アレクサンドル3世がシベリア全土を貫通する鉄道敷設の詔を発した。日本海を挟んだ対岸のウラジオストックにも、大量の資材や人員が運び込まれて工事が開始されている。

極東までの鉄路が完成すれば、ロシアは朝鮮半島にも容易に大兵力や戦略物資が輸送できるようになる。恐怖のカウントダウンはすでに始まっていた。日本にとって残された時間は少ない。朝鮮半島への影響力をさらに強化して、近代化を急がせる必要があった。その障害となっていたのが、朝鮮の宗主国・清国である。

清国もロシアの極東進出に脅威を抱いていた。朝鮮半島という緩衝地帯を失えば、強欲な

建設中のシベリア鉄道。シベリア鉄道は1891年から建設を開始し、25年後の1916年にモスクワ～ウラジオストク間の全線9289キロメートルが開通した。

陸軍大国ロシアと陸路で直接に国境を接することになる。清国が朝鮮半島への干渉を強めるようになったのも、日本と同様にロシア恐怖症によるものだ。

それならば、利害関係は一致している。日清が協調して朝鮮半島の防衛にあたることもできたはずだが。しかし、日本には朝鮮半島に経済圏を拡大しようという思惑が生まれている。時々、それが露骨に現れる。日本の行動は、清国からすれば宗主権の侵害だ。黙ってはいられない。縄張りに土足で踏み込んでくる日本を警戒するようになる。

新興国の欲望と宗主国の面子が邪魔をして、日清両国は共闘できず。縄張りをめぐる小競り合いは、やがて全面戦争に発展。戦争に勝利した日本は清国の朝鮮半島への干渉を排除することに成功したが、本命の敵であるロシアに単独で対処することになってしまう。

利益線に執着し過ぎて日本は借金まみれになった!?

明治期の日本の対外戦争は、すべて利益線の朝鮮半島を確保することが目的だった。その目的のために、いったいどれくらいの軍事費が使われたのか?

西南戦争後の明治11（1878）年、日本の軍事予算は総額1248万2000円。国家財政に占める軍事費の比率は19・5%だった。これでも貧乏国の財政にはかなり厳しい出費である。しかし、国境線から利益線の防衛へと国防戦略を転換した明治23（1890）年になると、軍事費はさらに増大して総額2583万円に。国家財政に占める比率は31・5%まで上昇した。

この後も軍事費は増えつづけ、国家財政の30%程度を軍事費が占める状態がつづく。国境線の防衛を戦略としていた明治10年代と比較すると、その割合は年平均10%ほども増加して

国家予算に占める軍事費の割合（大蔵省昭和財政史編集室編『昭和財政史 4巻』より作成）

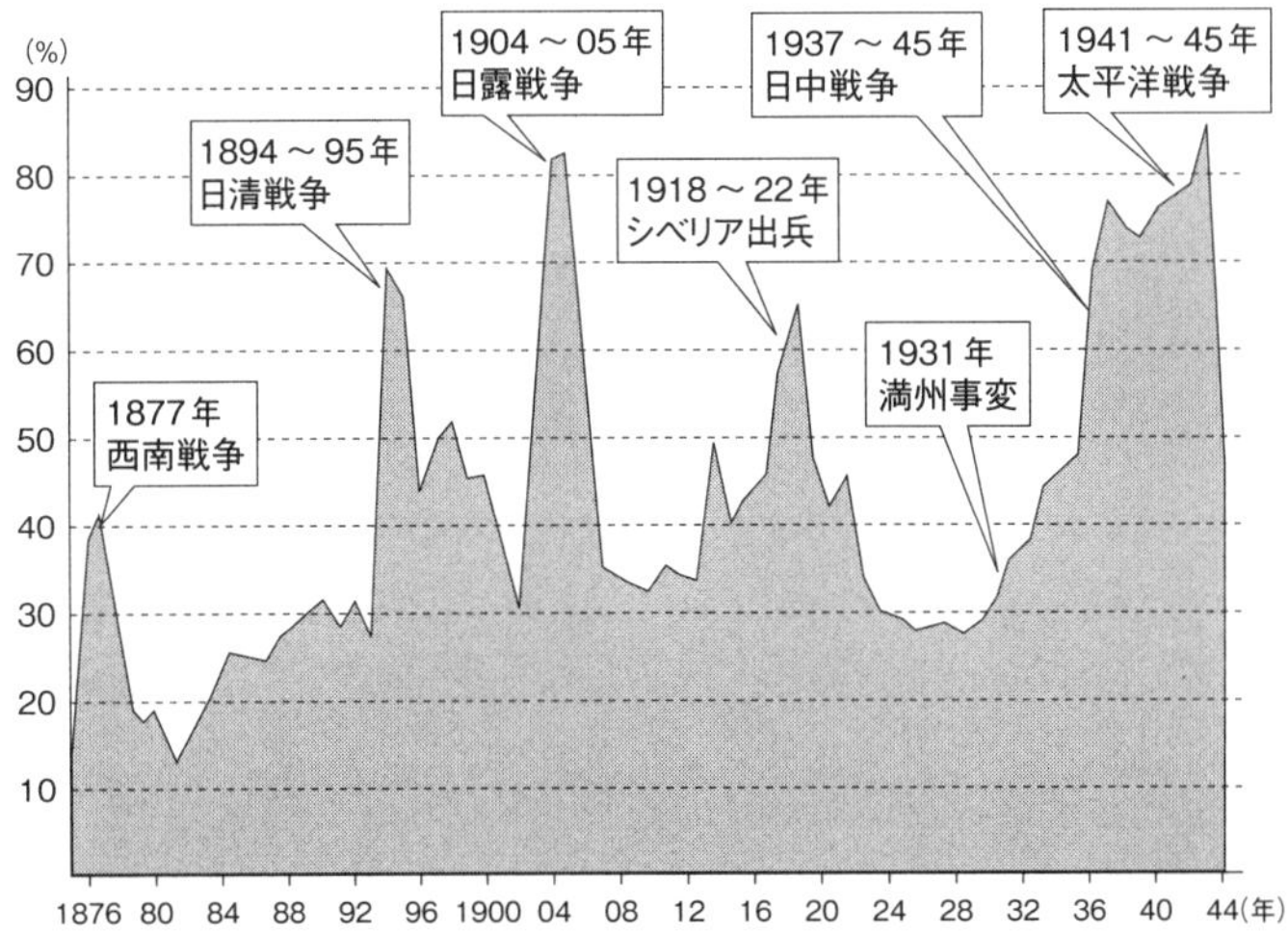

いる。平時でも国家予算の10％が、朝鮮半島の利益線確保のために使われていたということ。それを10年間つづければ、１年分の国家予算が消えてしまう。

しかし、いざ戦争となればそれではすまない。日清戦争は明治27（１８９４）年７月25日から翌年の４月17日までつづいた。約９カ月の戦いで使われた軍事費は２億３２４０万２０００円。当時の国家予算が１億円程度だから、それをすべて使っても賄える額ではなかった。

このため臨時軍事費特別会計から約２億円を捻出し、大量の国債を発行してツケを将来にまわしている。

日清戦争後、国家予算に占める軍事費の割合はさらに上昇し、毎年45〜50%といったあたりで推移していた。列強の一角であるロシアとの戦争を意識して、互角に戦える軍備を整えようとすれば、それでもまだ足りない。

たとえば日本海軍は、ロシア海軍に対抗して戦艦6隻と装甲巡洋艦6隻からなる主力艦隊の編成を急いだが、最新鋭の大型艦は高価な代物。日本では建造することができないから、外注によって貴重な外貨も流出する。イギリスに発注した戦艦『三笠』は船体と装備兵器をあわせて120万ポンド、日本円にして1200万円である。主力艦隊を揃えるだけで、日清戦争当時の国家予算に相当する額になってしまう。

清国から受け取った賠償金の2億両（当時の日本円換算で約3億1000万円）も、その多くがロシアとの戦争準備のために費やされた。日清戦争の時と同様に、戦いの火蓋が切られると、さらに莫大な軍事費が必要となることは容易に想像がつく。それを覚悟で日本は戦争を決断した。が、実際に日露戦争が始まってみると、戦費は想像を遥かに超える額に膨れあがる。

明治37（1904）年2月8日から翌年9月5日の停戦までに、日本が使った軍事費は総額18億２６２９万円。明治37年度の国家予算に占める軍事費の割合は81・９％、翌年は82・３％にもなった。

戦費の78％にあたる15億５５８７万２０００円は、主に米英で発行した利息の高い外債で賄っている。借金の返済には長年苦しめられた。すべて完済できたのは、日露戦争終戦から80年が過ぎた昭和61（１９８６）年のことである。

もしも、最初からこれだけの出費が予測できていたらどうか。日本はそれでも朝鮮半島への執着を捨てずにいられただろうか？

日清・日露戦争の勝利によって、朝鮮半島から他国勢力を排除することには成功した。その甲斐あって、朝鮮半島が日本の〝縄張り〟であることを世界に認めさせた。利益線は盤石なものとなる。戦略目的は達成された。

しかし、そのために費やした戦費を合計すると20億円を超えている。戦争の準備段階の軍事費まで含めれば10年分の国家予算を超える金額になるだろう。国が傾くほどの額になる。はたして、朝鮮半島にそこまでの価値があったのか？

清国が朝鮮半島にこだわったのは、ロシア恐怖症と宗主国のプライドが大きい。また、ロシアにとって南方の不凍港を得ることは、金には代えられない価値があった。

しかし、すでに多くの植民地や海外権益を保有する他の列強諸国は、朝鮮半島にそこまでの価値を感じてはいない。防衛や開発に多額の予算を投入しても、回収は難しいと考えられていた。投資の見返りが期待できないことから、食指が動かない。けれども、朝鮮半島の不安定な状況が、中国やアジアの自国権益に悪影響を及ぼす可能性があるだけに、無視して放置もできないし……疎ましい存在ではある。と、いうのは言い過ぎか？

日本がその火中の栗を拾ってくれるのなら、むしろ好都合。朝鮮半島が日本の勢力圏に取り込まれることで安定することは、アジアの自国権益を保護するためにも有用だ。

朝鮮半島が旨味の少ない場所であることは、もちろん日本も気がついていたはず。だが、安全保障にもかかわるだけに、損得だけでは計れないところがある。止むに止まれぬ事情があった。

日本は朝鮮半島を勢力圏に取り込むために、すでに国家予算の10年分にもなる金を費やしている。これを金のなる木に育て、使った金を少しでも回収せねば。と、欲がでていたことも否めない。

朝鮮半島東岸の中部に位置する元山港（明治後期の写真。現在は朝鮮民主主義人民共和国）。日朝修好条規によって1880年に開港、大正時代には東岸随一の都市として栄えた。

また、朝鮮半島の現状が貧しいのは、李氏朝鮮政府の怠慢が大きな原因。自国産業の発展に無関心過ぎたがゆえのことだ。やり方が不味いのだ。とも、思っていた。

「本気になって開発すれば、意外と旨味はあるのかも」

そんな皮算用が働く。これまでに使った軍事費には程遠い額ではあるが、実際、小さな成功体験もある。そこから生まれる自信。いや、過信もあったようだ。

たとえば、金である。朝鮮半島北部で採れる砂金の集積地・元山港（ウォンサン）には、第一銀行（みずほ銀行の前身）が出張所を設けてこれを買い漁っていた。

日朝修好条規により朝鮮半島では日本貨幣

の流通が認められている。そこで日本の通貨を使って、朝鮮の金を買うという割の良い商売がおこなわれた。日本が金本位制をとるようになった明治30（1897）年からの10年間で、朝鮮半島から日本へ輸入された金は20トンを超えている。明治時代後期の日本の貨幣制度は、朝鮮半島の砂金によって支えられていたといってもいいだろう。

また、朝鮮半島北部では海軍が欲する良質な無煙炭が産出される。他にも各地に様々な地下資源の埋蔵が確認されていた。日本が徹底的に指導して開発すれば、これが「宝の山」に生まれ変わる可能性がある。

アジアの他地域はすでに欧米列強の植民地や権益で埋め尽くされ、日本が入り込む隙間はない。経済発展のためには、勢力圏の拡大が必定。奪える場所があれば、多少の条件の悪さは目を瞑って行動を起こすしかない。藁にもすがる……そんな感じもありか。

保護国経営の費用負担の多さに、韓国統監・伊藤博文は焦っていた

日露戦争が始まると大韓帝国（日清戦争後、清国から与えられた「朝鮮」から国号を変更）

日露戦争で朝鮮半島を行軍する大日本帝国陸軍の兵士たち

は中立を宣言した。しかし、日本はそれを無視して仁川（インチョン）に軍を上陸させ、漢城（かんじょう）（現・ソウル特別市）を占領してしまう。国際法を無視した行動だが世界はこれを黙認した。

　この状況で第一次日韓協約が締結される。日本から派遣された顧問団が、大韓帝国の外交や財政に大きな発言力をもつようになった。

　多くの血を流して近代化を達成した日本からすると、朝鮮の指導者層にはその意欲や覚悟が感じられない。ただ朽ち果てるのを待っているように映った。朝鮮半島の近代化を促進して、豊かで安定した政権をつくる。日本の安全を確保して、これまでの投資も回収する。大韓帝国の勝手にさせておいては、その目標達成は不可能だと見限ったようだ。

日本の影響力をもっと強めて、大韓帝国の国政に干渉してゆく必要がある。日露戦争の勃発はその好機だった。

大韓帝国政府は外交方針に一貫性がなく、日本は幾度もそれに振りまわされ煮え湯を飲まされてきた。大国に擦り寄って自己の保身を図る体質は、何百年も宗主国に媚びて生きてきた冊封国（さくほうこく）の性（さが）。一朝一夕で変わるものではない。

ロシアの勢力を駆逐しても、アメリカやイギリスが秋波（しゅうは）を送ってくれば、すぐにそちらに靡（なび）くだろう。外交の自由を取り上げてしまわないと危険このうえない。

日露戦争終戦後はロシアの勢力は後退し、列強諸国は朝鮮半島に対する日本の優先権を認めるようになる。日本はもはや誰に遠慮することなく、朝鮮半島への干渉と支配を強めることができる。

明治38（1905）年11月には第二次日韓協約を締結。これによって大韓帝国は外交権を完全に日本に委ねる「保護国」となった。

協定に基づいて漢城の日本公使館は韓国統監府に名称変更される。統監府は大韓帝国の内

第二次日韓協約に基づき漢城（現・ソウル特別市）に置かれた韓国統監府

政を指導することにくわえて、その外交権も統括することになった。

　初代韓国統監に就任した伊藤博文は、大韓帝国政府と頻繁に協議会を開いて矢継ぎ早に改革を促す。が、相手の反応は鈍く、思うようには動いてくれない。これには伊藤も苛立ちを隠しきれず、

「今や日本にして若し併呑に意あらば、実に一挙手一投足の労をもってその目的を達し得べきに拘らず、その然せざる所以は、日本は韓国を併呑し巨額の経費を消費して自ら之を統治するの愚を学ばんよりは、寧ろ韓国を興して隆盛の域に導き、韓国人をして完全に自国を防衛せしめ之と同盟してもって我国の安全を図らんと欲するに由る」

日本が費用のことを気にせずその気になれば、いつでも大韓帝国を潰して日韓併合を実行できる。と、そう言って恫喝しながら尻を叩く。

近代国家に生まれ変わった日本は、いまや欧米列強と肩を並べる強国に急成長を遂げた。その成功体験から、欧米文明を導入した近代化こそが正しい道と信じて疑わない。儒教の理念に支配された大韓帝国皇室やその官僚たちには、これとは相容れないところが多い。日本人の独善的な態度が疎ましい。

お互い思考回路の違いは大きく、歯車が嚙みあわない。また、伊藤は少々焦ってもいたようである。韓国統監に就任早々、日本記者団の取材を受けた時には、

「帝国は既に韓国の国防を担任し、幾多の軍隊を韓国に駐屯せしむる義務を負った。単にこの費用のみを算しても少額とは云われぬ。之に加うる今後益々増加すべき韓国の諸経費を負担し、之を我が国に賦課(ふか)するが如きは決して長計ではない。従って韓国人民をして漸次その資力を増進せしめ、韓国諸般の経営はなるべく韓国人民をして自らその費用を負担せしむる途を開くを必要とするであろう」

このように語っていた。

朝鮮半島に深くかかわれば、それだけ出費のほうもかさむ。1日も早く利益のあがる土地に育てあげ、日本の支出を軽減させねばならないというのだ。が、それは彼が予想したよりも遥かに難事業だったことをやがて思い知る。

大韓帝国首脳たちの意識はそう簡単には変革せず、日本が当初予定したよりも近代化の歩みは遥かに遅い。こうなると、日本政府内では併合を求める強硬派の意見が強まってくる。併合となればさらに莫大な費用を負担せねばならない。

貧農出身の伊藤だけに、金の苦労が身に沁みているのだろう。それだけに何をやるにもまず金のことが心配になる。朝鮮半島の可能性に賭けるにしても、大枚叩いて大勝負というのは彼のキャラではない。

統監府に向かう伊藤博文（馬車の手前側に座る人物）

日韓併合に突き進む。
それは、負けが込んだギャンブル中毒者の心境か!?

明治39（1906）年になると日本政府は、興業借款の名目で大韓帝国へ1000万円を供与した。この後も、借款や支援金などの名目で毎年多額の資金を注入している。大韓帝国とは別組織である韓国統監府にも、年間600〜700万円の予算が与えられていた。さらに日本軍の駐留経費もばかにならない。

明治41（1908）年に、日本が朝鮮半島のため支出した金は総額約3100万円になる。この年、日本政府の政府歳入は7億9000万円。政府予算の約4%が朝鮮半島に持ち出されていたということ。日露戦争の戦費捻出のため莫大な外債を背負い込んだ日本には痛い出費だった。

日本の負担を軽減するには、大韓帝国の税収を増やさねばならない。明治39（1906）年に大韓帝国が自前で集めた予算はわずか748万円。日本の財政支援がなければ近代化ど

大韓帝国末期の歳入・歳出状況（水田直昌『李朝時代の財政』を参考に作成）

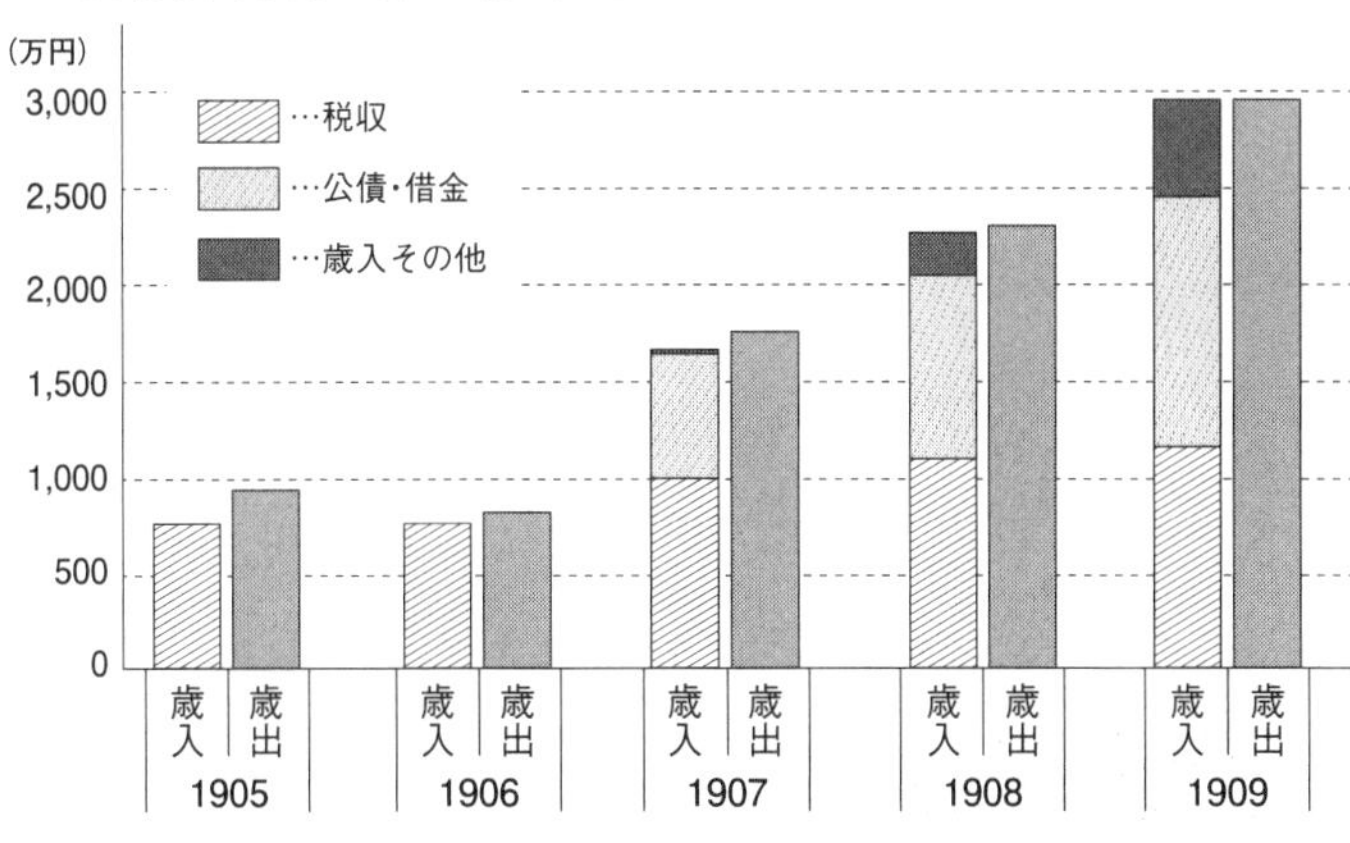

1905～1906年まで、歳入の不足分は日本からの借金でまかなった。

ころか、通常の国家運営もままならない状況である。

大韓帝国が把握している人口は約980万人と、日本の5分の1……とはいえ、もう少し税収があってもいいはずなのだが。

産業人口の大半は農民で占められ、経済は農業に依存していた。その主要産業である農業が散々たる有様。荒れ果てた耕地が多く、アジアの諸地域と比較しても生産性はかなり低い。当時、日本国内の水田では一反（約992平方メートル）あたり平均2石（300キロ）が収穫されていたが、朝鮮半島では収穫が最も高い南部でもその半分程度である。

人口は日本よりも少なく、土地の収益は低い。

それにしても、同年の日本政府の歳入と比較して１００分の１程度というのは、あまりにも少なかった。そこには様々な理由がある。たとえば、大韓帝国政府と皇室は別会計になっているが、鉱山開発や人参（ニンジン）の専売、通貨の発行など金になる事業を皇室が独占していた。本来は国家に入るべき金が入らず、宮廷を牛耳る者たちがこれを好き勝手に使う。

また、大韓帝国政府の税収は地租と輸入関税が主なものだが、こちらも、土地登記の改竄（かいざん）や不正な土地査定などによる納税逃れが横行している。これを摘発する意思も能力もない。それどころか、役人たちが賄賂を求めて積極的に違法行為に加担している。

「由来、韓国財政の如く紊乱（ぶんらん）を極めたるもの其の例少なく……」

とは、明治38（１９０５）年の『韓国財政整理報告』で、韓国財政顧問に就任した目賀田種太郎が記したもの。どこから手をつけてよいものかと、困惑した心情が察せられる。

特権階級の存在も、大韓民国の財政を疲弊させる一因だった。李氏王朝には「両班（ヤンバン）」「中人（チュンイン）」「常民（サンミン）」「賤民（チョンミン）」といった身分制度があり、官職に就くことができるのは貴族階級の両班だけ。彼らは官職以外の仕事をするのを禁じられてもいた。江戸時代の武士とよく似た立場にある。

李氏朝鮮の特権階級だった両班とその家族（『大日本帝国朝鮮写真帖』）

18世紀頃まで両班の総人口に占める割合は6～7％程度だった。しかし、両班の地位は金で売買することができるうえに、両班を自称する者もかなりの数いたという。そのため、両班人口は時代とともに増加してゆく。一説によれば、大韓帝国が日本の保護国となった頃、両班を自称する者まで含めるとその数は人口の48・6％にまで達していたとか。

国民の半分が免税などの権利を有する特権階級になってしまえば、税収が厳しくなるのは当然の結果だろう。

また、両班の数が多いだけに猟官運動は凄まじく、地位を得た者はそれを守るために権力闘争に明け暮れる。官僚たちは国の行く末よりも、自己の保身にエネルギーを注いだ。

地方の役人に採用された者たちも、在任中に私腹を肥やそうと住民からの搾取など不正行為に熱心だった。

このため民衆は疲弊し、土地は荒れ放題のまま放置される。特権階級の存在は、百害あって一利なし。だが、大韓帝国政府の官僚は両班階級で占められているだけに、自らの既得権益を剥奪されるような改革には消極的だった。

国の改革にはまったくやる気を見せない両班たちだが、自分の既得権益を守るためなら手段を選ばず、果敢な行動にでることがある。

明治40（１９０７）年6月、オランダのハーグで開催中だった万国平和会議に、大韓帝国皇帝・高宗の名代を名乗る密使がやってきた。会議に出席する各国代表の前で、

「第二次日韓協約は日本の武力的威圧によって強制されたもので違法である」

と、訴えようとしたのだが……すでに列強諸国は、大韓帝国の外交権を日本が保有することを承認している。このため密使は会議への出席を拒まれ、日本側に実害が及ぶことはなかった。

しかし、これで日本側の皇帝・高宗や大韓帝国政府に対する不信感は強まる。大韓帝国の

外交案件については、事前に日本の外交顧問と協議して承認を得ることが日韓協約に定められていた。日本に黙って国際会議に使者を派遣するのは、あきらかな違反行為である。日本政府は元老と閣僚を招集して、この問題について話し合った。

大韓帝国皇帝が自ら協約に違反するのだから、もはや、あの国を信用することはできない。ゆえに、

「大韓帝国を廃して、朝鮮半島を日本に併合すべし」

ついに閣議の席でも、このような主張をする者が現れる。

大韓帝国・初代皇帝の高宗

一方、朝鮮半島では事件を契機に民衆の反日感情が高まっていた。『京城新聞』『大韓毎日申報』など現地の各紙が寄付を募り、日本からの借款を返済してその束縛から脱却しようという運動が盛りあがる。

タバコ代を節約して寄付をするのが流行り、16万円を超える金が集められたという。

しかし、すでに日本からの借款額は１３００万円に達しており、民衆がタバコ代を節約した程度ではとても足りない。そのため募金運動のほうはすぐ下火になるが、反日感情はさらに燃え盛った。

「その行為は日本に対し公然敵意を発表し協約違反たるを免れず。故に日本は韓国に対し宣戦の権利あるものなること」

ハーグ密使事件が起きた翌月、日本側は戦争も辞さずと勧告して、皇帝・高宗の責任を問い詰める。高宗は抗うことができず皇帝を退位させられた。さらに、第三次日韓協約が締結された。この協約より大韓帝国は軍隊を解散し、軍事権も完全に日本が掌握することになる。これを契機に民衆の怒りがついに爆発した。

朝鮮半島各地で「義兵」と呼ばれる反日武装勢力が蜂起する。暴徒の数は４万人を超えて、約２４００名の駐留日本軍だけではとても対応できない。このため駐留軍は約８０００名にまで増員された。

韓国統監府の記録によれば、明治40（１９０７）年7月から明治43（１９１０）年末までに、日本軍と義兵の間に起きた衝突は２８１回を数える。義兵側の死者約1万４５００名に対して、軍や警察の人的損害は死者１７９名、負傷２３７名となっている。暴徒の武器は鍬などの農具が大半で、銃を所持する者はまず見かけない。近代兵器を装備した軍隊の敵ではなかった。

しかし、神出鬼没な動きをする義兵集団をすべて封じることは不可能。彼らのなかには盗賊のような輩も多く、少人数で村を襲い略奪や強姦、放火などを繰り返した。また、日本兵のなかにも略奪や強姦を働く者もいる。このため6681戸の民家が焼失し、韓国人1259名、日本人125名、清国人1名が死亡している。

義兵運動により朝鮮半島の治安情勢は悪化し、それがインフラ整備などの近代化事業を停滞させる。ただでさえ懐事情の厳しいところに、軍隊の増員によって余計な出費が増える。財政の40％を日本からの資金注入で賄う依存体質もあいかわらず、それだけに日本側の苛立ちも極限に達してきた。

民衆を煽って義兵を指揮しているのは支配階級の両班である。彼らは日本が主導する近代化よりも、自分たちの既得権益を失うことへの抵抗感が強い。大韓帝国政府もまたそういった両班階層で占められているだけに、大韓民国政府こそが近代化を阻害するすべての元凶のようにも思えてくる。

この頃には日露戦争の戦後処理がほぼ完了する。日本と清国との間には日清協約が締結された。清国と大韓帝国が互いに領土権を主張する豆満江（トマンガン）中洲の間島（かんとう）は、日本が譲歩して清国に帰属することになった。その見返りとして、清国は満州の旧ロシア権益を日本が得ることを承認している。

これにより、日本は満州に進出する足がかりを得た。朝鮮半島には、日本と満州を結ぶ〝道〟としての価値が生まれる。

また、日本のロシア恐怖症はまだ癒えていなかった。ロシアが再び南下してくるのではないかと警戒する声も多い。朝鮮半島をこのまま不安定な状態にしておけば、満州への大切な道を失うかもしれない。危険極まりない。もっと確実に支配しておかねば安心することができない。と、日本政府でも「朝鮮半島を日本に併合するべし」の意見が大勢を占めるようになっていた。

しかし、韓国統監の伊藤博文は、その流れを必死に押し留めようとした。

「日本は韓国を併呑し巨額の経費を消費して自ら之を統治する愚を学ばんよりは、寧ろ韓国を興して隆盛の域に導き、韓国人をして完全に自国を防衛せしめ之と同盟してもって我が国の安全を図らんと欲する由る」

このように述べて、日本政府要人たちに自制を求める。やっぱり、お金のことが一番心配だったようである。

だが、日本国内では併合を求める声が大きくなるばかり。そこで伊藤は起死回生の策に打ってでた。明治42（1909）年4月、伊藤の勧めにより大韓帝国第2代皇帝・純宗（じゅんそう）が朝鮮半島各地を巡幸する。皇帝が自ら日本による朝鮮半島統治に理解を求めることで、民衆の反日感情を和らげようとしたのだ。

大韓帝国第二代皇帝・純宗

それでも状況は変わらない。義兵の蜂起が頻発しつづけ、この年も11名の兵士や警官が死亡。義兵側にも3001名の犠牲者が発生した。

万策尽きた伊藤は、6月に韓国統監を辞任してしまう。伊藤の統治が手緩いと批判する声が高まり、桂太郎総理大臣や小村寿太郎外相らに膝詰めで説得されては、維新の元勲も立つ瀬なし。もはや、併合に同意して退場するしかなかった。

伊藤の統監辞任により、日本は併合に向けてさらに前のめりになる。

「韓国を併合し之を帝国版図の一部となすは、半島における我が国の実力を確立するため最も確実なる方法たり」

このように定めた「韓国併合に関する件」が7月に閣議承認される。大韓帝国を消滅させて朝鮮半島を併合するという日本政府の意思が固まった。

不良債権になる可能性が高く、欧米列強も食指が動かなかった難しい土地である。さらに巨額の予算を投じても、回収できる確証はない。しかし、これまで使った金を考えると後には引けない。朝鮮半島が宝の山になってくれないと……困る。

薄い財布から大枚叩いても当たりが出ずに、引くに引けなくなったパンチコ中毒者と同じ心境だろうか。こういった輩は、消費者金融で借金してでも博打をやめない。日本もまた、損失を取り戻そうとますます深みへとハマってゆくことになる。

倒産寸前の零細企業が、対等合併を望むのは無理……

一方、朝鮮の支配階級にも、日本との併合を望む者がいた。大韓帝国最大の政治結社・一進会を率いる李容九（りようきゅう）は、日本政府が併合の方針を決定した明治42（1909）年暮れに、日本との合邦を要求する『韓日合邦建議書』を大韓帝国皇帝の純宗に上奏している。首相の李完用（りかんよう）をはじめ親日派が多数を占める閣僚会議もこれを認めて、併合準備委員会の設立が決定された。建議書の提出は、李容九の独断ではない。当然、裏で日本側と連携していた。彼は朝鮮人自身の手による改革は不可能と悟り、大韓帝国を見限って日本の要人たちと結託して併合を画策したのである。

日本による併合を望んだ李容九

李容九は首相の李完用とともに、戦後の韓国で「親日派」として激しく糾弾されている人物。しかし、この時の彼には故国を裏切ったという罪悪感はなかったはず。

「朝鮮人も日本人と同じ一等国民の待遇を享

受して、政府と社会を発展させようではないか」

建議書のなかで、このように語っている。日本と朝鮮半島は対等の関係でひとつになる。やる気もなく腐り切った大韓帝国政府の統治下では、保護国として日本からお荷物扱いされつづけるしかない。腐った国を潰して皆が同じ日本人になってしまえば、より良き未来が築けると信じていた。それが幻想だったことは、すぐに思い知らされるのだが。

明治43（1910）年8月22日、『韓国併合ニ関スル条約』が締結された。

「韓国皇帝は朝鮮半島の統治権を完全かつ永久に日本国天皇に譲与し、日本国天皇は譲与を受諾して朝鮮半島を大日本帝国にすることを承諾す」

条文の第一条にはこのように書かれている。これによって大韓帝国は消滅。日韓は天皇を唯一の統治者とするひとつの国となった。

韓国皇帝は「李王家」となり、日本の皇族に準じる王公族として列せられた。李王家には年間150万円の歳費が与えられ、後にこれが180万円にまで増額されている。各宮家の皇族費は年間4～10万円程度だったことからすると破格の待遇だった。

また、併合によって朝鮮人にも日本国籍を与えられた。しかし、それで内地の日本人と

朕이東洋平和를鞏固케ᄒᆞ기爲ᄒᆞ야韓日兩國의親密ᄒᆞᆫ關
係로彼我相合ᄒᆞ야作爲一家ᄂᆞᆫ互相萬世之幸福
을圖ᄒᆞᄂᆞᆫ所以로念ᄒᆞ야玆에韓國統治를擧ᄒᆞ야
此를朕의極히信賴ᄒᆞᄂᆞᆫ大日本國皇帝陛下게
讓與ᄒᆞ기로決定ᄒᆞ고仍ᄒᆞ야必要ᄒᆞᆫ條章을規定ᄒᆞ
야將來我皇室의永久安寧과生民의福利를保
障ᄒᆞ기爲ᄒᆞ야內閣總理大臣李完用으로全權委員
을任命ᄒᆞ고大日本帝國統監寺內正毅와會同ᄒᆞ야
商議協定ᄒᆞ게ᄒᆞ노니諸臣은亦朕意의確斷ᄒᆞᆫ바를體
ᄒᆞ야奉行ᄒᆞ라
隆熙四年八月二十二日
坧

「韓国併合ニ関スル条約」に関する李完用への全権委任状

すべて同じというわけにはいかない。朝鮮戸籍令によって本籍を日本内地に移すことは認められず、日本人と朝鮮人を明確に区別した。他にもなにかと差別され、不利を強いられることが多い。多くの日本人は朝鮮人を「二等国民」と見下している。

結局、李容九が求めた一等国民の待遇を得ることはできず。しかし、彼が本当に日本と対等の合併ができると信じていたとすれば、考えが甘すぎるのではないか？

現代の企業合併を例に考えてみよう。

会社の規模が違えば、対等合併などはありえない。当時の朝鮮半島は、大企業に吸収合併された中小企業と同じだった。創業者やその一族は、株や会社を譲渡して、悠々自適に余生を過ごすことができるかもしれない。ここでは大韓帝国皇室がそれに相当するか。しかし、残された元社員たちは待遇や昇進で差をつけられ、冷遇されて居心地悪い思いをすることになる。

ましてや、大韓帝国はこれまで日本から多くの財政支援を受けており、とても優良企業とはいえない。明治40（１９０７）年から併合に至るまで、日本が援助した資金を合計すると1億４００万円にもなる。貸付金や外債など含めた借金は、日韓併合の時点で約４６００万円残っていた。

負債をかかえて倒産寸前の零細企業といったところか。業績回復への意欲やアイデアもなく、融資した資金をムダに食い潰してきた輩。当時の日本人は、大韓帝国と朝鮮人をそんなふうに見ていたはず。ダメ社員の烙印を押された者が、新会社で重要なポストに就けるはずもない。現代企業も当時の大韓帝国でも変わらない。いつの世でもそれが道理だ。

【第二章】朝鮮半島に「近代」を移植する

朝鮮半島の近代化を欲したのは、誰なのか？

負債については大韓帝国の側にも、言い分はあるだろう。自ら望んで金を借りつづけていたわけではない。

日本の保護国となる以前の大韓帝国は、国家歳出が1000万円を超えることはなく、返済すべき外債もほとんどなかった。少ない歳入に見合って歳出は抑えられ、ある意味、健全な財政事情だったのかもしれない。

墜落寸前ぎりぎりの低空飛行ではあるが、500年近くも国家は存続してきたのだ。それを日本が自分勝手な都合で改革や近代化を急がせて、そのための資金を無理やりに借金させた。大韓民国の官僚はもちろん、多くの民衆もそう考える。

反論の余地はない、すべては日本の都合だった。それは間違いない。強固な外堀を構築し、経済圏を拡大する。そして、大陸進出の道を確保する。日本が世界の列強と同等の力を得るために、朝鮮半島の安定と経済発展が必要だった。

しかし、ここで思うのだが。山河や耕地は荒れ果て、車が走れる舗装道路や鉄道もない。下水処理施設のない市街地には汚物と異臭が充満し、伝染病が蔓延している。法律は未整備で、すべての訴訟は役人の気分と賄賂の額しだい。また、法よりも身分や立場が優先されるのが常。上の者は下の者に対するどんな理不尽も許された。

そんな状況のまま、民衆はこの後も耐えつづけることができたか？　20世紀の世に国家として存続できただろうか？　目的はどうあれ、日本の統治によって朝鮮半島が近代化されたのは間違いのない事実。日本が莫大な資金を投入して近代化してやった。という、一部の日本人の独善的な考えもまた、間違いとは言えない。

日韓併合条約が締結されてから約1週間後の明治43（1910）年8月29日には、韓国統監府と大韓帝国政府組織を統合して朝鮮総督府が設立された。当初は韓国統監府庁舎を利用していたが、すぐに手狭になってくる。そのため、総工費636万円を使って景福宮正面に巨大な朝鮮総督府庁舎が建てられた。

総督府は朝鮮半島の行政や司法、軍事権の一部を掌握するひとつの「国家」だけに、旧韓国統監府と比べると職員数が大幅に増えている。併合直後は高等官や判任官待遇の官僚が9

総工費636万円をかけて建てられた朝鮮総督府庁舎

361名、これに非正規の雇員や嘱託が5168名、地方職員850名。合計すると1万5379名となる。この時点でもかなり大所帯の省庁なのだが、組織はさらに膨張しつづけた。

大正14（1925）年になると、高等官・判任官待遇の官僚が2万9194名にまで増えている。当時の日本政府機関にいた官僚の総人数は約14万8000名だから、その2割近くが朝鮮総督府で占められていたことになる。また、雇員や地方の役人5万7277名を含めると8万人以上。最大の人員をかかえる省庁だった。

太平洋戦争さなかの昭和17（1942）年になると、官僚の数だけで5万名を超え、職員の総数は11万7969名。人員の増加が止まらない。それだけ朝鮮半島の統治は、手間

朝鮮総督府の国費支弁職員数の変遷（出典:「朝鮮総督府統計年報」）（単位:人）

	高等官・同待遇		判任官・同待遇		嘱託・雇員		合計		
	日	朝	日	朝	日	朝	日	朝	(伸び率%)
1910	1100		8261		5168		14529		
1915	726	353	8053	4861	6366	5576	15145	10790	
1920	784	356	16495	10618	5014	3183	22293	14157	
1925	865	366	18394	9569	7428	4836	26687	14711	
1930	1143	360	20199	10018	10419	6669	31761	17047	
1931	1112	361	19417	10154	10731	7124	31260	17639	(3.5)
1932	1126	354	20252	10912	11098	7521	32476	18787	(6.5)
1933	1160	355	20089	10724	11371	7845	32620	18924	(0.7)
1934	1172	361	20963	11051	12033	8235	34168	19645	(3.8)
1935	1292	363	21712	11180	12728	8780	35642	20323	(3.5)
1936	1277	368	22740	11747	14065	9375	38082	21490	(5.7)
1937	1448	388	24177	12477	15564	10975	41189	23840	(10.9)
1938	1535	391	25599	12987	16111	12586	43245	25964	(8.9)
1939	1613	394	27269	13535	17405	15983	46287	29912	(15.2)
1940	1737	416	28984	14224	19186	21362	49907	36002	(20.4)
1941	1908	440	31982	14952	21325	27126	55215	42518	(18.1)
1942	2012	442	32627	15479	22663	29998	57302	45919	(8.0)

のかかる仕事だったということか。

併合から間もない大正４（１９１５）年には、総督府高等官の約３割にあたる３５３名が朝鮮人だった。大半は旧大韓帝国の大臣や高級官僚が、そのまま総督府の高等官に横滑りしたものである。朝鮮人の高級官僚は、その大半が中枢院に配置されていた。朝鮮総督の査問機関ということだったが、そこに仕事はない。機関としてはまったく機能していない。旧支配層を飼い殺しにすることで、反抗の芽を摘もうとしたのだろう。

１９３０年代になると、高等文官試験に合格して総督府に採用される朝鮮人も増えてくる。が、それ以上に役人の数が多くなっている。そのため朝鮮人高等官の比率は約２割に落ち込んでしまった。

中級官僚以下の判任官だと、朝鮮人の数は日本人のおおよそ半数。末端の下級職になると朝鮮人の割合が増え、こちらは日本人よりも多くなる。朝鮮人職員はとくに地方の役所や出先機関に多く配属されていた。

朝鮮人職員が重要なポストに就くことはまずない。どこの部署に配属されても日本人と比べて冷遇された。

また、大韓帝国時代の役人には、私腹を肥やす手段が多々あった。

「３年やれば一生食える」

そう言われたものだ。親族や縁者が科挙に合格すれば、その恩恵は一族全員に及んだという。併合後はそれも許されない。日本人職員と比べて安い給与をやり繰りしながら、家族を養うのが精一杯。それでも当時の朝鮮半島では、庶民階級以上の家柄に生まれた者や高学歴者にとって、朝鮮総督府は最も憧れる就職先だった。

大正９（１９２０）年の総督府職員の俸給は高等官で年額６０００〜７０００円、判任官で１０００円、雇員は５００円というのが平均的なところ。当時の朝鮮半島では、一世帯あたりの平均所得が日本円換算で60円程度。大正期でも朝鮮半島の民間企業でも朝鮮人事務職の月給は30円程度だったというから、それと比べれば最下級の職員でも民間と比べれば遥かに高給である。

また、内地出身の日本人にとっても、総督府は魅力的な職場だったようである。多くの日本人が総督府の高等官や判任官として内地から赴任し、移住者も嘱託や雇員として採用されていた。

どちらも日本内地の省庁と比べて給与面では優遇される。外地である朝鮮半島に赴任すれば、年棒制の奏任官には俸給の６割、月給制の判任官は４割の在勤加俸が与えられていた。他にも様々な優遇措置があり、さらに、宿舎も用意してもらえるなどいたれりつくせり。日本内地と比べて物価も安いだけに、贅沢な暮らしが楽しめる。大学や高等学校を卒業した高学歴者にも、高給につられて朝鮮総督府で働くことを希望する者は多かったという。

しかし、これだけの好条件で何万人もの職員を雇っているのだから、人件費はかなりかかる。日韓併合から5年後の大正４（１９１５）年に支払った俸給の総額は１１２７万８９４

朝鮮総督府の歳出（1911～1919）　（単位：千円）

	総額	一般歳出		官業費	国債費
		総計	治安維持費		
1911	48,741	36,940	6,551	10,068	1,733
1912	52,892	39,517	6,750	10,988	2,387
1913	57,989	40,735	7,055	12,137	5,117
1914	59,412	31,528	6,715	22,683	5,201
1915	58,873	30,304	6,672	22,168	6,401
1916	59,848	30,870	6,815	23,967	5,011
1917	62,642	30,075	6,660	27,097	5,470
1918	65,141	35,877	7,453	21,590	7,674
1919	77,560	46,961	8,369	24,567	6,032

（出典：朝鮮総督府編『増補 朝鮮総督府三十年史（2）』より）

2円。人件費だけでかつての大韓帝国の予算総額を超えている。

人件費を加えた朝鮮総督府の歳出総額は、明治44（1911）年が4874万円。その後、歳出は年々増えつづけて大正時代になると7000万円を突破した。日本領となった朝鮮半島では、日本内地と同じ近代法の支配のもと効率的な統治をおこなわねばならない。それを実現するには、一国の政府に相当する人員をかかえた巨大省庁と、その規模に見合う莫大な予算が必要だった。

総督府の租税収入のほうも、近代化による経済成長や税制度が整ったことで少しずつ増えてはいたが、とても巨額の歳出を賄える額ではない。

不足分の予算は日本政府からの補充金や公債

の発行に頼っていた。明治44年には日本政府から1235万円、公債金1000万円を調達している。翌年は同額の補充金1235万円、公債は1490万円。この後も毎年2000万円以上の資金が日本から注入されている。

併合から数年間は、総歳出のうち補充金や公債が占める割合が30〜40％に達していた。大正時代にはその比率が20％台にまで低下する。が、予算規模のほうも膨れあがっていたから、日本政府からの補助金や公債の額そのものはむしろ増えた。

併合からほぼ10年が過ぎた大正10（1921）年には、補充金1560万3000円、公債3721万9588円が注入されている。これを合計すると5000万円を超える。

朝鮮半島初の紙幣発行、その肖像に人々は屈辱を覚えた

多くの列強諸国は、植民地で本国とは違う独自通貨を流通させていた。植民地が不安定な状況に陥っても本国の経済に悪影響を及ぼさないよう、通貨を分けることで防壁を設けていたのである。

日本でもその例に倣って、台湾では台湾銀行による独自の円通貨を発行していた。だが、朝鮮半島の場合は植民地ではなく、併合によって日本内地と同じ「本国」の一部となった地域である。本来ならば、流通する通貨も同じ日本円とするべきだろう。

しかし、朝鮮半島の実情をよく知る総督府はそれを危険視していた。日本内地と違って経済の基盤がなく、また、陸路で国境を接する半島は外国との紛争に巻き込まれる危険性も大。混乱が起きても日本銀行の基礎を動揺させぬように、

「朝鮮には特別な銀行を置いて独自の兌換券を発行するべき」

として、大蔵省と協議しながら「朝鮮銀行法」を立案した。これを明治44（1911）年に開かれた第27回帝国議会に提出し、可決されて朝鮮銀行の設立と朝鮮銀行券の発行が決定する。

日韓併合以前、朝鮮半島の通貨制度はどうなっていたのか？　李氏朝鮮では宗主国の中国と同じ銀本位制を採用し、銀貨や銅貨を発行した。銅貨には額面価値が刻印されていたが、しかし、それに使用される銅そのものとは価値に大きな差がある。利ざやを稼ぐために劣悪な品質の貨幣を鋳造していたようだ。

また、厳重に管理すべき公認鋳型が偽造者に貸し出され、さらに劣悪な材質の銅貨が大量に出回るようになっていた。日本領事館が漢城に出回っていた銅貨を調べたところ、同じ額面の貨幣でも重量は0・84匁(もんめ)から1・55匁までかなり幅があり、品質の劣化したものも多かったことを報告している。

光武2（1898）年の二銭五分の白銅貨。粗悪品が大量に出回った。

同じ公認鋳型で造られた銅貨は、どれが本物か偽物か見分けがつかず、そのため材質の優劣により貨幣の価値が大きく変わった。額面通りの金額で物が購入できずに極めて不便、通貨の用を果たしていない。そのため朝鮮半島の人々も、自国通貨より日本やロシアなどの貨幣を信用し、様々な外貨が市中に流通していた。

日朝修好条規により、日本の紙幣や補助貨幣の流通が認められていた。第一銀行が釜山に支店を設置し、つづいて第十八銀行や第五十八銀行なども朝鮮半島に進出して、日本円による取引がさかんになる。それ以前の朝鮮半島に近代的な銀行は存在せず、金融は小規模な質屋や相互扶助団体などが担っていたという。

第一銀行は半島各地に16の支店・営業所を展開。明治時代末期には、預金額1243万円に達する朝鮮半島では最大の銀行に成長した。その第一銀行が日露戦争後に1円、5円、10円の金額を表示した約束手形を発行するようになる。大韓帝国の許可は得ていなかったが、実質的な紙幣として流通するようになる。

第一銀行券には、頭取である渋沢栄一の肖像が描かれていた。朝鮮半島初の紙幣の肖像画が日本人ということに、屈辱を感じる韓国人は今でも多いという。また、令和6（2024）年には日本の紙幣デザインが変更され、新1万円紙幣に渋沢栄一の肖像画が採用されることが決まった。財務省からその発表があった直後、

「かつて韓国を経済侵略した張本人が、日本の新紙幣の肖像になる」
「植民地支配された被害国への配慮が欠けている」

このような論調の記事が『ハンギョレ新聞』『東亜日報』などの主要各紙に掲載され、韓国人の怒りを再燃させた。

日本初の民間銀行「第一銀行」は朝鮮に進出後、明治35（1902）年から「第一銀行券」の発行を開始。額面は１円、５円、10円の３種類あり、日本円と引き換えることができた。

第一銀行券は朝鮮半島全域に流通して、朝鮮人たちも自国の大韓帝国が発行する貨幣よりこちらを信用して使っていた。英国領の香港でも、現地銀行が発行する銀行券が通貨として流通している前例がある。

しかし、韓国統監府はこれを問題視した。民間銀行が発行する通貨や外貨が混在している状況は、そのうち混乱を招くだろう。中央銀行を創設して通貨で統一するべきだ、と。大韓帝国政府に働きかけて、明治42（1909）年に通貨発行をおこなう中央銀行の韓国銀行を設立させた。

資本金は1000万円。韓国政府が株の3割を購入し、日韓の皇室も各1％を引き受けた。また、韓国銀行株は設立初年度から配当が約束されていたこともあり、投資家にも大人気。1万人を超える人々が一株株主になったが、株主の大半は日本人。大韓帝国中央銀行の株は、その過半数が日本人や日本政府機関、日本企業に保有されるという状況になっていた。

韓国銀行の創設により、第一銀行は朝鮮半島から撤退することになる。この時点で1183万円の第一銀行券が発行されていたのだが、これを韓国銀行が回収して大阪造幣局で刷った韓国銀行券に切り替えることが決定した。

併合後、朝鮮銀行法案の可決により、韓国銀行は朝鮮銀行に名称変更された。監督権は大韓帝国政府から朝鮮総督府に引き継がれて、引き続き中央銀行の役割を担うことになる。

朝鮮銀行は1円、5円、10円、100円と4種類の紙幣を発行するようになり、同額の日本銀行券と交換することができる。紙幣の肖像はすべて同一人物、髭の長い老人の姿が描かれていた。

肖像画のモデルについては諸説あるが、朝鮮人の学者のようにも見える。朝鮮人の間では、漢学者で旧大韓帝国閣僚でもあった金允植（キムインショク）ではないかと考える者が多かったという。外国人の渋沢栄一の肖像を描いた第一銀行券よりは、同朋である金允植のほうが親しみも湧く。人々は新紙幣を好意的に受け入れた。

金本位制の時代、各国の中央銀行では発行する紙幣と同額の金を常時保管し、金との引き換えを保証することで貨幣の価値や信頼性が保たれていた。朝鮮銀行券の場合は直接に金と交換できないが、等価の日本円との交換が保証されている。

朝鮮半島で産出される金の大半が日本銀行の金庫に収められていたことからそうなったもの。第一銀行の撤退後も、朝鮮半島で産出された金は朝鮮銀行が買い入れて、年間6トン以上を大阪造幣局に収めつづけていた。

朝鮮銀行が発行した「朝鮮銀行券」

朝鮮銀行券の発行高は大正9（1920）年に1億1403万4000円に達し、朝鮮半島に流通する通貨はほぼこれによって統一される。また、朝鮮銀行は他国の中央銀行とは違い、普通の民間銀行と同じように融資などの業務もおこなっていた。

朝鮮銀行の融資は朝鮮半島の産業育成を目的としたものだが、しだいに営利追求に傾くようになる。大正10（1921）年の貸出金は3億7374万4000万円に達し、純利益は1000万円を越えていた。

しかし、本来の目的である朝鮮内での貸出金は9018万3000円で、その3割程度にしかならない。日本内地や国外への貸出のほうが断然多かった。とくに満州への融資は1億1835万7000円と最も多く、この傾向は敗戦で朝鮮銀行が消滅するまでつづく。

日本領の遼東半島や南満州鉄道附属地では大正6（1917）年から朝鮮銀行券の通用が認められ、満州の各地で16もの朝鮮銀行支店が設置されるようになっていた。朝鮮銀行の営業圏を満州や中国北部にまで拡大して、これらの地域でも中央銀行の役割を担わせようという構想があった。

大陸への派兵の際には、現地での軍費支払いや財務処理が朝鮮銀行に委託されるようになる。軍は朝鮮銀行券を使って必要な物資を調達した。

シベリア出兵の際にも、派遣軍は2758万円の朝鮮銀行券を使用している。これによって沿海州やシベリア鉄道沿線地域では、日本軍が持ち込んだ朝鮮銀行券が流通するようになった。革命で大暴落して信用を失ったロシア通貨よりも朝鮮銀行券のほうが信用もあり、商人たちは朝鮮銀行券での支払いを喜ぶようになる。現地に出店した朝鮮銀行支店には、住民たちの預金も集まっていた。

また、日中戦争が始まると華北にも朝鮮銀行券が流通するようになる。朝鮮銀行券は日本軍とともに占領地へ浸透し、円経済圏拡張の役割を果たすことになった。朝鮮半島の領土化により確保した大陸進出の道、その道を進軍する軍隊に朝鮮銀行は資金を補給する役割を担っていた。

韓国銀行貨幣博物館（撮影：筆者）

余談ではあるが、現在のソウル市南大門路にある韓国銀行貨幣博物館は、かつて朝鮮銀行本店として使われていた建物である。もともとは第一銀行ソウル支店として発注され、明治45（1912）年に完成したものだ。

東京駅や日本銀行本店を手掛けた辰野金吾が指導したルネサンス様式の建物は、重厚な石の外壁で覆われて贅を尽くした印象がある。高層ビルが林立するソウルの中心街にあっても、その存在感が際立つ。

戦後、大韓民国の中央銀行として創設された韓国銀行も、昭和62（1987）年までこの建物を本店として使用した。また、現代の韓国で流通している通貨単位の「ウォン」は「円（圓）」の朝鮮語読みであり、戦前に朝鮮半島で流通していた韓国銀行券の通貨単位に由来したと一説には言われている。現代韓国の通貨制度には、朝鮮銀行の残香が濃厚に漂う。

鉄道網は朝鮮半島の支配を安定させる重要ツール

鉄道は近代化の象徴であり、日本でも維新後はいち早く鉄道建設に着手。明治5（1872）年には新橋～横浜間を開通させ、その後は全国に鉄道網を広げた。これによって日本人の生活感覚や行動様式は大きく変貌した。また、鉄道を中心とする交通インフラがなければ

産業発展は望めない。

旧大韓帝国は交通網の整備にも無関心だった。道路は未舗装で雨が降れば泥濘（ぬかるみ）となり、橋が架かっている場所は少ない。車両が通行できるのは、清国使節を迎えるために漢城近郊に整備されたわずか80キロの区間だけ。陸路での輸送は人や牛、ロバなどが荷を背負うしか手段がなく、日清戦争では日本軍も物資輸送に苦労した。

設立当時の京釜鉄道株式会社京城事務所（『朝鮮鉄道史 第1巻』）

交通網整備の必要性を痛感した軍や日本政府は、釜山～漢城（併合前の京城）間の鉄道敷設権利を獲得。日清戦争後の明治31（1898）年には、資本金2500万円で京釜（けいふ）鉄道株式会社を設立して鉄道敷設工事に着手した。現地で雇った朝鮮人労働者にくわえて、日本から3000人以上の労働者が送り込まれている。

1901年8月20日に永登浦（ヨンドゥンポ）で行われた京釜鉄道の北部起工式。朝鮮半島中部の京城と南部の釜山を結ぶ。起工から4年後に全通した。（『朝鮮鉄道史 第1巻』）

京釜（キョンブ）線は明治38（1905）年に全通し、輸送が開始されるようになった。総工費は2646万円。日本政府が資金や技術で手厚い支援をおこなった国家的プロジェクトである。国家予算が3億円程度の時代、大規模公共工事の発注に日本の土木建設業界も活況を呈するようになる。

この頃には、アメリカ人実業家が敷設権を取得した漢城と外港の仁川を結ぶ鉄道敷設工事も始まっていた。他国資本に朝鮮半島の鉄道権益を渡したくない日本は、こちらの路線も京釜鉄道に180万円で買収させて、これが京釜鉄道京仁（キョンイン）線として大正8（1919）年には京城駅までの全線が開通した。

また、日露戦争が勃発すると、陸軍が漢城

1899年に開業した朝鮮半島初の鉄道・京仁（キョンイン）線。アメリカ人実業家モールスが得た敷設権を渋沢栄一らが購入。後に京釜鉄道が吸収した。（『朝鮮鉄道史 第1巻』）

と中国国境の新義州（シンイチュ）を結ぶ京義線（キョンウ）の建設を日本政府に要請している。この路線は大韓帝国政府が敷設工事に着手したものだったが、資金不足で工事は中断していた。それを日本が引き継いで完成させたもの。兵士や物資の輸送が円滑にできなければ、勢力圏の防衛が危うくなる。

産業発展や近代化、それにくわえて、朝鮮半島を日本の勢力圏に取り込んで安定的に支配するためにも鉄道が必要だった。明治35（1902）年に、小村寿太郎外相が桂太郎首相に提出した公文書にも、

「京義線を日本が敷設して京釜線と連結させれば、半島を貫通する鉄道がすべて日本のも

のになる。それは朝鮮半島を我が勢力範囲に置くのと同じ意味を持つ」

このような記述がみつかる。充実した鉄道網を手中に収めることが、朝鮮半島の支配をより確実なものにする。日本の首脳たちも、そのことをよく理解していた。

日露戦争後、京釜鉄道が保有する鉄路や設備は韓国統監府鉄道局に譲渡された。日韓併合後は朝鮮総督府鉄道局が引き継いで、朝鮮総督府鉄道の重要幹線になっている。

半島を南北に縦断する京義線と京釜線の工事はすでに完成していた。総督府鉄道局ではさらに、半島南西地域の湖南（ホナム）線や、半島の東西を横断して日本海側の元山（ウォンサン）や清津（チョンジン）といった要港を結ぶ咸鏡（かんきょう）線などの鉄道建設を進めて路線網の拡充を急ぐ。

朝鮮総督府鉄道は線路幅１４３５ミリの国際標準軌を採用している。台湾や樺太は日本内地と同じ１０６７ミリ狭軌の鉄道を敷設していたが、朝鮮半島では軍の意向により広い線路幅が採用された。

線路幅が広くなるほどに工期は長引き費用はかさむ。しかし、大陸進出を考えればより大量の兵士や物資を運ぶことができる国際標準軌のほうが望ましい。明治44（１９１１）年には満州国境の鴨緑江（おうりょくこう）橋梁が完成し、朝鮮半島の鉄路が満州へと繋がった。南満州鉄道も国

明治44（1911）年に鴨緑江橋梁で行われた試運転の様子（『朝鮮鉄道史 第1巻』）

際標準軌を採用しているので、朝鮮半島から満州中心部へ列車の直接乗り入れが可能だった。

朝鮮半島には総督府鉄道の他に、朝鮮中央鉄道、南朝鮮鉄道、西鮮殖産（さいせんしょくさん）鉄道など日本資本による私鉄路線も存在していた。大正12（1923）年になると、これらの私鉄会社を統合した朝鮮鉄道株式会社が発足する。

官営の朝鮮総督府鉄道は「鮮鉄」、こちらは「朝鉄」と呼ばれた。朝鉄は民営の私鉄ながら総督府との関係が深く、総督府官僚が経営陣にも名を連ねている。

昭和2（1927）年になると「朝鮮国有鉄道十二箇年計画」がスタートした。鮮鉄と朝鉄によって、朝鮮半島全土を網羅する鉄道網の建設をめざすことになる。朝鮮鉄道株式会社では計画初年度に７５３７万４０１５円の建設費を投じて工事に着手し、その後も毎年度７０００万円前後が新路線の工事に費やされた。毎年１７５０万円の社債を発行したが、それだけでは建設費を賄えない。日本政府や総督府からも多額の財政支援がおこなわれた。

主要幹線である京釜線・京義線も、昭和９（１９３４）年からは７７０万円の予算を使ってレールを新しいものに交換し、自動式信号機などの最新設備も導入した。さらに、１億円を投じて複線化が実現している。

これらの事業は日本内地の鉄道よりも優先しておこなわれた。東海道本線や山陽本線と比較しても総督府鉄道幹線の列車スピードは早く、新型車両の導入により乗客は快適に朝鮮半島の旅を楽しむことができた。

昭和20（１９４５）年までに、日本が朝鮮半島で敷設した鉄道総延長は６６３２キロ。設置した駅は７６２にもなる。また、大韓帝国時代にはわずか80キロしかなかった道路も、大正時代末期には約１６００キロを整備している。

鉄道と道路の建設は、朝鮮総督府の35年間に及ぶ統治で最も資金と精力を注ぎ込んだ事業

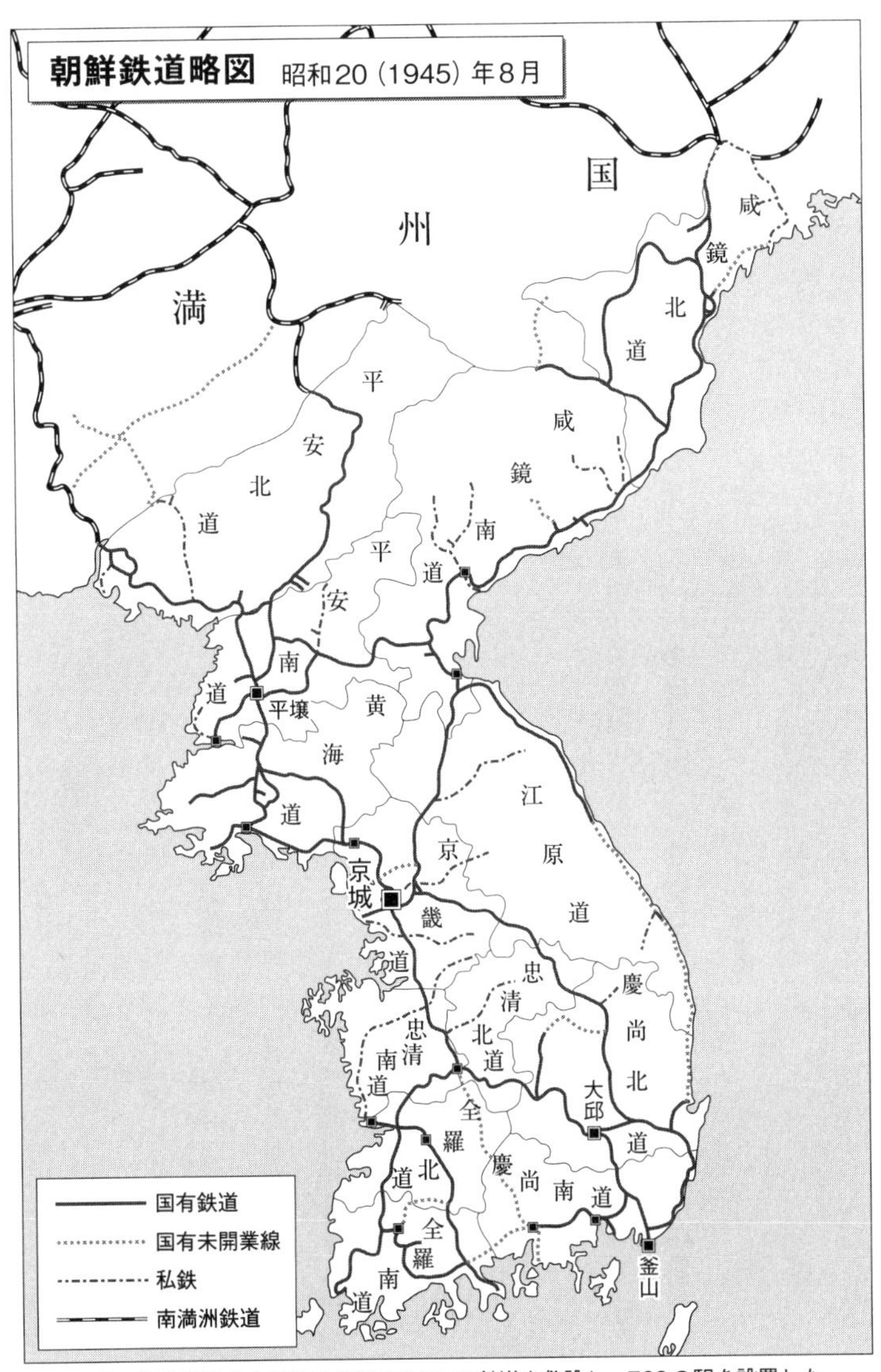

日本は朝鮮半島全土に総延長6632キロの鉄道を敷設し、762の駅を設置した

だった。

朝鮮半島全土を大改造する途方もない事業。朝鮮総督府の予算だけでは、とても賄えるものではない。日本政府の援助金や日本内地で集められた公債資金も多く投入されている。鉄道敷設やその改良工事に総額21億8000万円、道路や港湾整備には8億8000万円。日韓併合時の日本政府歳出は年間14億3000万円だから、2年分の国家予算に相当する巨額の投資だった。

それでもまだ足りない。祖父が朝鮮半島の鉄道事業に深くかかわっていたという豊田健一氏の著書『受け継がれし日韓史の真実　朝鮮引揚者の記録と記憶』（幻冬舎）に、「満州鉄道経由でかなり入れていた」

という記述が見つかる。朝鮮での鉄道工事費用の一部が、南満州鉄道から密かに注入されていたというのだ。日本の国会では「朝鮮半島ばかりを優遇しすぎている」という野党からの批判があり、それをかわすための措置だったという。

日本内地と朝鮮半島を結ぶ海上交通の整備も進む。釜山と下関を結ぶ海峡は、日本の鉄道省が運営する鉄道連絡船によって結ばれていた。

明治38（1905）年に就役した初代の鉄道連絡船『壱岐丸』『対馬丸』は1679トン、それが大正時代になると3619トンの『景福丸』『徳寿丸』『昌慶丸』の3隻と交代して輸送力は4倍以上に増大。博多からの航路も新設されて、内地との往来はかなり容易になる。また、昭和11（1936）年になると、7000トン級の大型船『金剛丸』『興安丸』の新造船2隻が就役した。

昭和11（1936）年に就航した大型鉄道連絡船『金剛丸』

青函連絡船や北海道と樺太を結ぶ稚泊（ちはく）連絡船など、他の鉄道連絡船と比べても各船舶の設備は格段に優れている。朝鮮総督府だけではなく、日本の鉄道省も朝鮮半島を重視していた。

日本が朝鮮半島の交通網整備にこれほどの熱意を傾けたのは、大陸進出の道として重視していたから。満州方面へ日本の勢力圏を広げようという意図がある。近代化よりもむしろ、その目的のほうが大きかったかもしれない。

目的はどうあれ、それによって戦後の大韓民国や北朝鮮民主主義共和国が多大な恩恵を受けたのは紛れもない事実なのだが、支配された側からすれば、「鉄道とともに日本軍がやってきて、民衆を抑圧して財産を収奪した」と、その成果よりも〝邪悪な目的〟にばかり目が向けられる。

治安の維持には予想外の大出費を強いられた

莫大な資金を投じて鉄道を整備しても、朝鮮半島の治安状況が安定しなければその輸送網はたちまち機能不全に陥る。また、治安が悪化すれば近代化事業の大きな妨げにもなるだろう。

義兵の反乱は完全に淘汰されたわけではなく、満州国境付近にはゲリラ化した抗日勢力も出没していた。不安は大いにある。そのため総督府では治安確保のために多くの予算を割いて人員を確保した。

併合時の総督府警察には５７３５名の警察官が在籍していた。警察官には朝鮮語が堪能で地域に精通した人材が相当数必要になる。このため朝鮮人の警察官は３１４１名と、内地出身者よりも多くを占めていた。

また、義兵集団や抗日ゲリラに対抗するためには、強力な戦闘力が求められることもある。このため陸軍の憲兵隊が一般の警察任務を兼ねる憲兵警察制度が採用され、総督府警察と連携しながら治安維持に努めた。

独立闘争を行った抗日ゲリラ兵

朝鮮半島駐留の憲兵隊総数は７７６９名と、その数は警察官よりも多い。憲兵隊でも補助員として朝鮮人４４７３名を雇用していたが、彼らの人件費は総督府が負担する。これが毎年１００～１２０万円かかる。また、日本政府の一般会計からも憲兵警察関係予算として毎年２５０万円前後が与えられていた。

明治44（１９１１）年に総督府が費やした

治安維持費は総額655万1000円。一般歳出の20%近い額だった。これが普通の国であれば、治安維持に要する費用は国家予算の6%程度に収められるものだという。総督府がいかに治安維持に神経を使っていたか、予算配分からも察することができる。

併合後しばらくの間は、治安維持費は歳出の20%を超えない範囲内で推移しつづけた。が、大正9（1920）年になるとこれが一気に急増して2273万6000円となり、歳出の31%に達している。翌年はさらに増えて2987万1000円、歳出に占める割合は35%になった。日中戦争が始まる頃までは、治安維持費が歳出の30%台を占める状況がつづいた。

治安維持費用増大の要因は、大正8（1919）年に発生した三・一運動にある。この前年、アメリカ大統領ウィルソンが第一次世界大戦の全交戦国に「無賠償・無併合・民族自決」の原則を求める「十四カ条の平和原則」を発表した。

多くの朝鮮人知識層がこれに触発されて、独立への機運が盛りあがる。この年の3月1日、朝鮮人知識層の間では宗教指導者や知識人33名が京城の中心部にあるパゴタ公園に集まって、「吾らはここに、我が朝鮮が独立国であり朝鮮人が自由民であることを宣言する」と、「独立宣言」を読みあげて万歳三唱した。

独立宣言に賛同する学生や市民が続々と公園の周辺に集結して、その数は数千人規模にまで膨れあがる。興奮した群衆は万歳三唱して市中を練り歩き、制止しようとする警察官と乱闘が起こった。軍隊が出動して鎮圧する事態に発展してしまう。

三・一運動で京城市街を行進する女子学生

騒ぎに便乗した放火や略奪も各所で起こり、やがてそれが朝鮮全土に波及する。2カ月間で1500件以上の騒乱が発生し、警察署や郡役所、郵便局などの公的機関が襲撃された。

軍隊や警察にくわえて、在住日本人が自警団を組織して鎮圧に協力した。日本人は暴徒の標的にもなっていたが、自警団による朝鮮人への暴力も多発して死傷者が発生している。

朝鮮総督府の公式発表では、この騒乱による朝鮮人の死亡者は553人だった。しかし、上海に亡命していた民族主義運動家・朴殷植（パクウンシク）が伝聞情報をもとに書いた『韓國獨立運動之血史』では死者７５０９人となっている。

どちらが真実なのか分からないのだが、朝鮮人が日本人官憲や自警団により殺害された事実は否定できない。これによって日本人と朝鮮人の間に大きな亀裂が生じたことは否めない。また、暴動に関連した逮捕者1万２６６８人には多くの庶民階層が含まれていた。併合によって特権を奪われた旧支配階層だけではなく、日本への不満や反発が庶民にまで広がっていたことが分かる。統治する者にとって、人口の大半を占める庶民層の反感を買うことほど恐ろしいものはない。

代々の朝鮮総督は陸海軍の大将が任命されていた。朝鮮半島の軍事権も総督が掌握することから、軍人が就任するほうが望ましいとされていたのだが、軍人なだけに統治の手法は強圧的で、それが民衆の反発を招いた要因のひとつと考えられる。

総督府もさすがに懲りたようで、強権政治を改める必要を感じていた。三・一運動が起きて以降は、しだいに宥和政策への転換が図られるようになる。出版や言論、集会などの規制を緩和し、強圧的な対応が住民から不評だった憲兵警察制度も廃止された。

昭和7（1932）年1月には東京・桜田門で昭和天皇の暗殺未遂事件が勃発。犯人は抗日武装組織に属する朝鮮人労働者の李奉昌だった。（写真提供：朝日新聞社／時事通信フォト）

憲兵警察制度の廃止により、警察の仕事は増える。宥和政策に転換しつつも、不測の事態に備えて住民への監視はより強化された感もある。半島の隅々まで目が行き届くように、三・一運動の翌年には警察官が大増員された。警官の数は2万人を超えて、併合直後の4倍近い人員数になっている。

しかし、幸いなことに、この後は朝鮮半島で大きな暴動が起こらず治安情勢は比較的平穏だった。ソフト路線に転じた統治手法が功を奏したのだろうか？

1930年代になると「内鮮一体」「内鮮融和」といったスローガンが日本内地でも叫ばれるようになり、宥和政策がさらに推し進められた。その効果は、治安維持費の推移からも察することができる。昭和11（1936）年の総督府歳出に占める治安維持費用の割合は25％、三・一運動発生直後と比べると10％以上も負担は軽減された。

しかし、備えは必要である。大規模な暴動が起こってしまうと、軍隊の力が必要になってくる。日本内地から部隊を派遣するのでは時間を要し、事態に即応することが難しい。そのため常に大兵力を駐留させておく必要があった。

日露戦争開戦を契機に日本軍の朝鮮半島常駐は開始された。当初は5個大隊編成で3000人程度の兵力だったが、義兵の蜂起などもありその数はしだいに増えてゆく。大正7（1918）年には朝鮮軍に名称変更されて、兵力4万人規模の2個師団編成となった。

1個師団を維持するには、平時でも年間3000〜4000万円程度の費用がかかるという。朝鮮軍は創設当初から各地で義兵鎮圧に駆り出され、多い時には毎月100回以上の出動を記録している。三・一運動の時も暴動鎮圧のために部隊を動かした。当然、内地の部隊よりも多くの経費を使っているはずだ。

また、朝鮮軍は朝鮮半島の治安を守るとともに、国境警備も重要な任務だった。ソ連国境には要所に守備隊を配置していたが、それでも陸軍内には「兵力不足」として不安視する者は多い。大正時代後期から昭和初期にかけての不況時、日本陸軍は軍縮を断行して大量の人員削減がされている。その状況下でも、朝鮮軍の増員要求が再三おこなわれていた。

朝鮮軍は満州事変の時にも重要な役割を担っている。満州事変を起こした関東軍幕僚は、密かに朝鮮軍にも援護や協力を打診していたという。

日本政府や日本軍中央は事変の拡大を望んでおらず、朝鮮軍に出兵の許可を出してはない。しかし、朝鮮軍司令官・林銑十郎（はやしせんじゅうろう）中将の独断で、飛行隊や陸上部隊が朝鮮半島から国境を越えて満州に侵攻。関東軍に協力して満州南部の治安警備をおこない、さらに満州中央部チチハルで最前線の戦闘にも参加している。

朝鮮軍司令官・林銑十郎

朝鮮軍が独断で越境攻撃をおこなったのは、鴨緑江と豆満江の間に広がる中洲の間島を占領することが目的だったともいわれる。朝鮮人は昔から間島を自国領土と認識し、かつて

現在でも中国との間で帰属を巡って争いが生じている間島

は多くの農民が移住していた。ところが、日露戦争後に日本が清国に譲歩して、間島は清国領に編入された。

このことで日本に不満をもつ朝鮮人は多かった。間島は戦略的要地でもあるが、これを奪い返すことで朝鮮人の不満は和らぎ、民衆の朝鮮軍に対する高感度をアップする。と、朝鮮軍にはそんな一石二鳥の思惑があったようだ。

現地軍の司令官にとっては政府や軍上層部の意向よりも、住民の人心掌握のほうが重大な関心事だったのかもしれない。それだけ、他民族を支配するというのは、お金はかかるし神経を使わねばならない仕事なのだろう。

【第三章】朝鮮半島を豊穣の地に

朝鮮民衆は近代化を警戒した

朝鮮半島全土の土地調査は、総督府が発足して最初に取り掛かった大仕事だった。税収を増やし、日本政府からの援助に頼ることのない黒字経営をめざす。そのために税収の多くを占める地租の基礎を整える。土地の価値を厳格に査定し、その所有者を明確にしておく必要があった。

旧大韓帝国でも立地条件と土地面積から穀物の推定収穫量を算出し、租税を徴収していたのだが。実際は農地の状況をほとんど把握できておらず、土地登記簿に載っていない無主地や隠田があちこちにある。土地所有者の線引も曖昧で、農民たちの間では田畑の所有に関する争いが絶えなかった。

旧大韓帝国の土地登記簿は使い物にならない。そう判断した総督府では、日韓併合の翌月に臨時土地調査局を設立して各地の測量を始めた。事業には大量の測量技術者が必要になる。日本内地から招いた測量士にくわえて、測量学校を創設して朝鮮人技術者の大量育成もおこなわれた。

すべての調査が完了したのは大正7（1918）年11月のことである。事業には8年の歳月を要し、2456万円の予算が費やされた。これだけでも大韓帝国末期の年間歳出に相当する額になる。

土地調査が完了して、林野を除く朝鮮半島全土の土地所有者が確定した。地勢が把握され、土地の査定価格など詳しいデータも揃う。それは近代国家に必要不可欠なものだった。現代の韓国で使われている土地台帳も、総督府がまとめたこの調査が基になっている。

1900年代初頭の大韓帝国の農村の暮らし

明治維新後の日本でも近代的な税制度を導入するために、全国的な土地調査がおこなわれた。これに反発した農民や地主は多く、各地で暴動や一摸が発生する混乱が起きている。朝鮮半島でも同様だった。土地調査事業に抵抗する住民の妨害行為を警戒して、調査には警官や憲兵が同行したという。

旧大韓帝国では中央の官僚から地方の役人まで、賄賂を役得と考える風潮があった。役人に金を払えば土地台帳や関係書類などを改竄することは簡単にできる。地主や富裕な農民には、役人と結託して書類を書き換え、他人の土地を不正に収奪する者もいる。詳しく調べられたら色々と困る事もあったのだろう。

また、この土地調査事業は、日本が朝鮮人の土地を奪うことが目的。と、そんなデマも流れた。現代の韓国では、今でもそう考える者が多い。

韓国の小中学校で使われる歴史教科書には、総督府がおこなった土地調査について詳しく書かれている。それによれば、当時は日本の支配に反発して土地の登録を拒否する農民が多く、総督府がそれをすべて所有者不明の土地として没収したという。旧大韓帝国国有地や村々の共有地などを含めて、朝鮮半島の農地の約40%が奪われたとなっているのだが……。

すべてが嘘とは言い切れない。旧大韓帝国国有地27万町歩(ちょうぶ)、所有者不明と判断された土地12万町歩、合計39万町歩の土地は確かに総督府が接収していた。朝鮮人からすれば「奪われた」と考えて間違いではない。

しかし、調査で判明した朝鮮半島の土地は442万町歩、総督府が接収した土地はその8％にしかならない。韓国の教科書にある40％という数字とは、かなりかけ離れている。

総督府が接収した旧大韓帝国が把握してなかった国有地や村の共有地などには、いつしか人が住むようになり、荒れ地を開墾して農業を営む者たちもいた。誰も所有しない無主地にも、土地登記がされぬまま誰かの田畑になっている。そんな者たちからしてみれば「土地を奪われた」といった思いにはなるだろう。

しかし、登記簿に名が記されていなければ、法律はそれを彼らの土地とは認めない。総督府では事前に丁寧に行政指導をおこない、農民たちに土地申告をするよう促した。説明責任も果たしている。そのうえで土地調査は実施され、日本内地と同じ基準で詳しく査定がおこなわれた。所有者が確定している土地を奪ったという記録はどこにも見あたらない。すべては法律に則り正しくおこなわれた。そういうことだ。

朝鮮半島で近代的な法律が施行されたのは日本の統治が始まってからだ。日本内地ではすでに当然なことである「法の支配」に、人々は戸惑い混乱した。

東洋拓殖株式会社の東京本社（『東洋拓殖株式会社三十年誌』）

総督府の言うことを鵜呑みにして土地を申告したら損をするのでは？　と、疑ってかかる者もいただろう。後で賄賂を払えばどうにかなるとタカを括り、法律を甘く考える者もいたはず。だが、法治国家でそれは通用しない。法を知らない者たちは、

「先祖代々使ってきた農地を突然に奪われた」

と、非道を詰り情に訴えつづける。そんな恨み言が、法よりも優先されるはずもない。併合によって近代的な法治国家の一員となった朝鮮半島の住民には、この意識を共有することが求められていた。

総督府が接収した国有地と無主地は、法律に則り民間への払い下げがおこなわれた。購入者の大半は、資産のある日本人と日本企業。そのため朝鮮半島の人々の「土地を奪われた」

という思いはいっそう強くなる。

なかでも最も多くの土地を購入したのが、日本内地から朝鮮半島への農業移民を推進する目的に設立された国策会社の東洋拓殖株式会社である。

明治41（1908）年に資本金2000万円で設立されたこの会社は、創立当初は日本政府が株の30％を保有し、毎年30万円の補助金を与えていた国策会社だった。併合後は朝鮮総督府が日本政府から株を引き継いで、40％を保有する筆頭株主になっている。

日本から大量の農民を移住させる土地を確保するために、東洋拓殖株式会社は朝鮮半島の2割以上の土地を手に入れることを目的にしていた。総裁の宇佐川一正は陸軍軍人として日清・日露戦争で朝鮮半島にも出征した人物。総裁就任時にはまだ予備役の陸軍中将で、社員にも元軍人が多かった。

社員たちは軍服を着て腰に軍刀を下げた現役将校のような姿で、土地買収に動きまわったとい

東洋拓殖株式会社初代総裁・宇佐川一正

う。朝鮮人たちからすれば、軍人なのか民間会社の社員なのか見分けがつかない。売買を拒む地主に対して、軍刀に手をかけて恫喝する者もいる。韓国統監府もそのやり方に苦言を呈していたという。

「日本人が土地を奪った」

現代にも引き継がれる韓国人の怨念は、この会社の存在も影響しているように思われる。

朝鮮の米は「奪われた」のか!?

東洋拓殖株式会社は自己資金にくわえて、大蔵省預金部などから借入金を得ている。潤沢な資金を使って半島各地の土地を積極的に買収した。

会社発足時に目標としていた「朝鮮半島の2割」には遠く及ばないまでも、大正2（1913）年までに4万7148町歩の買収を完了。朝鮮半島最大の地主になっていた。土地購入に使った費用は総額1076万5000円にもなる。東洋拓殖株式会社が所有する地所の約89%は朝鮮半島南部にあり、気候が比較的温暖なうえに治安状況は良好。とくに米作に適した土地が多かった。

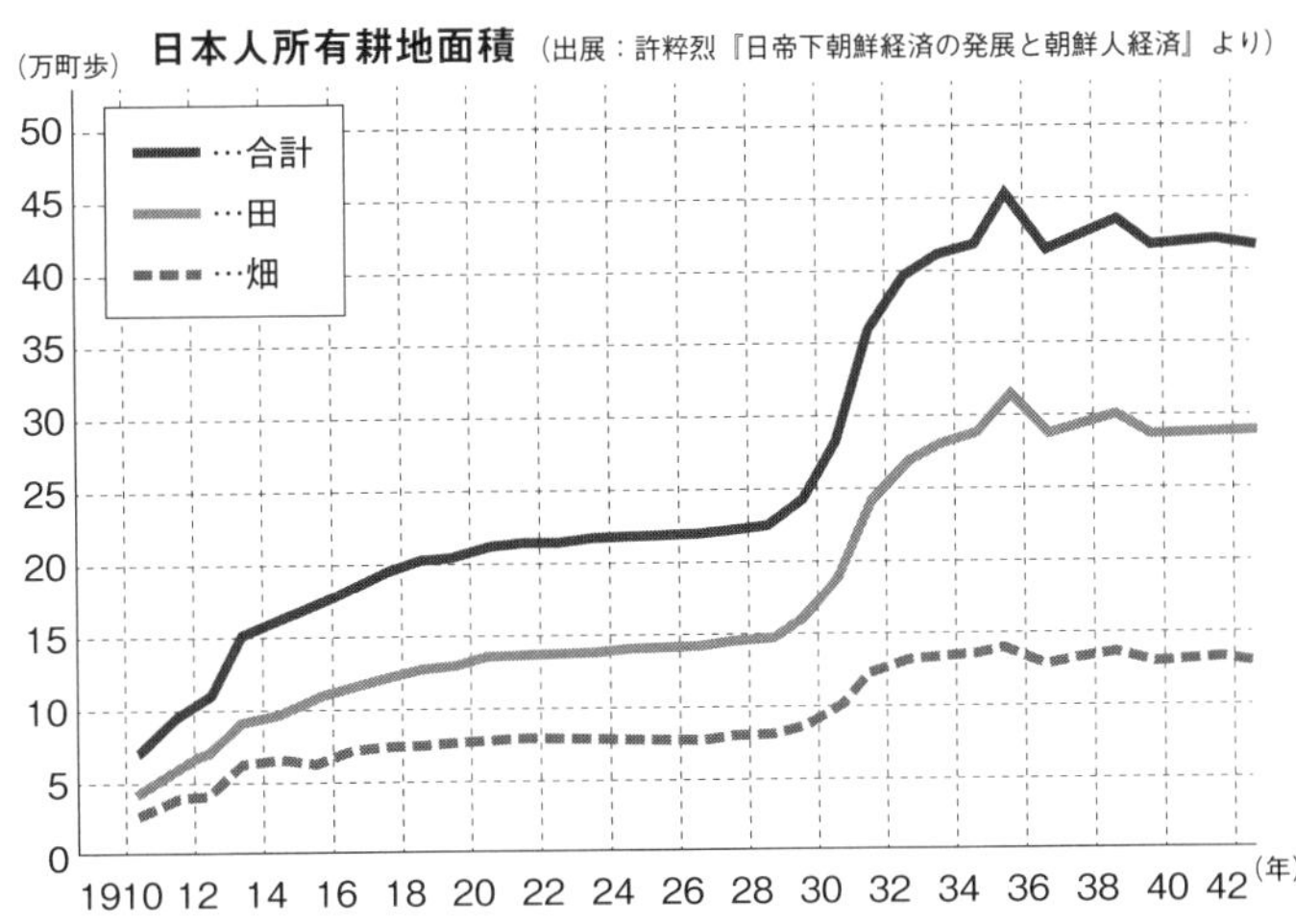

また、他の日本人資産家や日本企業も積極的に土地を買い漁り、1000町歩以上の農地を所有する日系の大地主が28人も誕生している。

併合時、朝鮮半島の土地価格は日本の10分の1から30分の1という安さだったが、日本人の土地買い占めが加熱し過ぎたことで地価が急上昇。土地バブルが発生した。だが、日本政府や総督府はこれに歯止めをかけようとはせずに、日本人の農地取得や農業移民を奨励しつづける。その理由はすべて食糧を求めてのことだった。

明治維新の頃には約3000万人だった日本内地人口は、20世紀初頭になると5000万人を突破する。主食である米の生産量は増えていたが、急増する人口には追いつかず米不足が慢性化している。

　不足分の米は仏印（フランス領インドシナ）など主に東南アジアからの輸入で補った。明治36（1903）年から明治40（1907）年までの5年間で、日本が輸入した米は478万1000石（1石＝100升、重さにして約150キロ）にもなる。これは国内生産高の約10％に相当する量だった。

「食糧安全保障」という言葉がある。主食の穀物を安定して国民に供給するのは国家の責務。また、それができなければ国の安全も脅かされる。

　日本人の主食である米だけは輸入に頼ることなく、国内で自給することが望ましいと為政者たちは考える。大正7（1918）年の凶作による米不足では、日本各地で米騒動が発生した。日本政府にはその時の苦い記憶もあり、米自給への思いはさらに強くなっていた。

　朝鮮半島で農地を購入した日本人や日本企業の多くは、朝鮮人に土地を貸し与えて農地経営をおこなった。資本のある大地主は、灌漑（かんがい）施設を整備するなどして米の増産をはかるようになる。

　第一次世界大戦後には、朝鮮総督府が朝鮮半島全土で大規模な土地改良や灌漑設備の建設

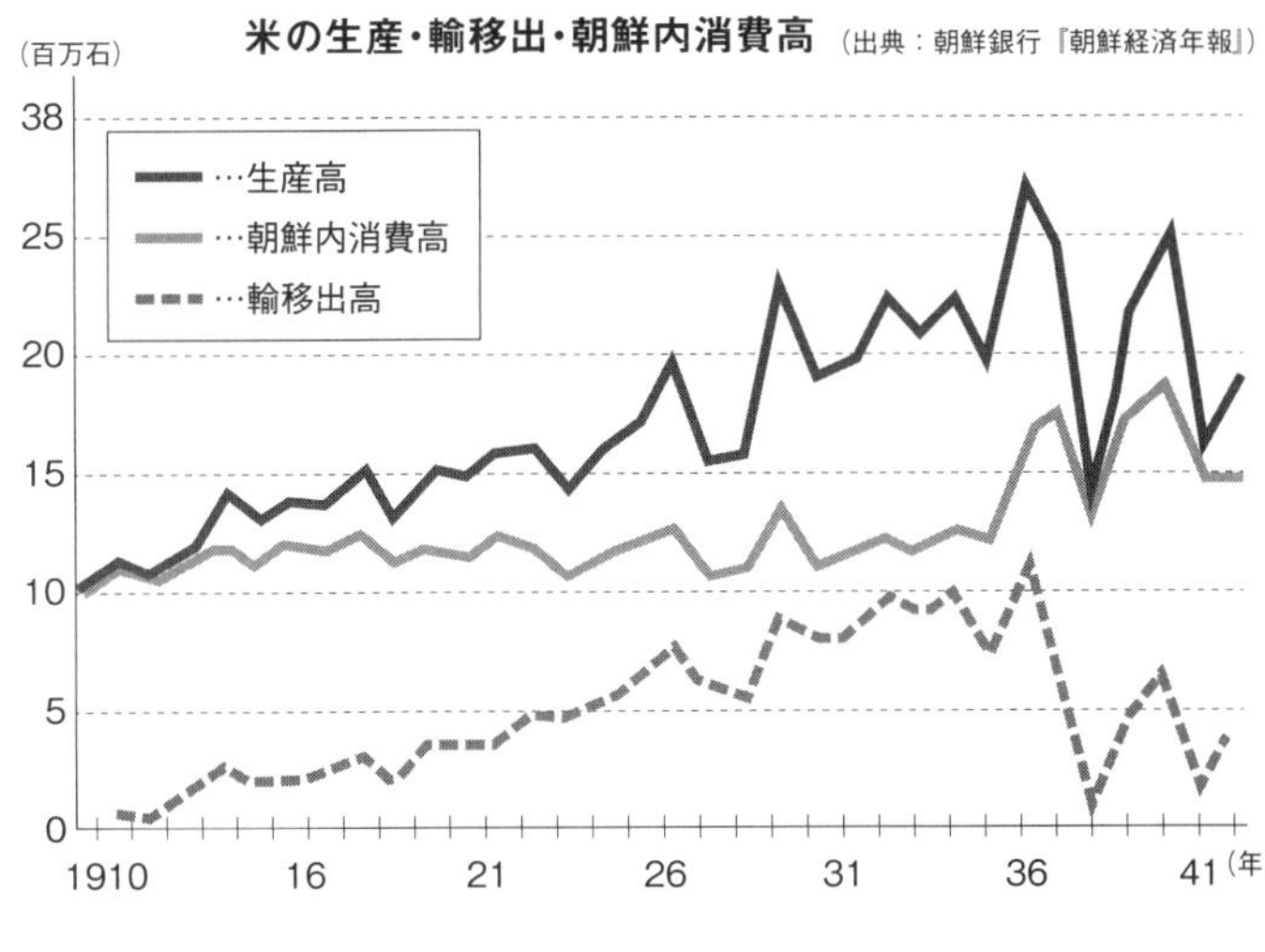

に着手している。『朝鮮産米増殖計画』と呼ばれるこの事業には、日本政府からも2億4000万円の資金が供与された。また、冷害に強い日本品種の苗や化学肥料を使う近代農法も奨励され収穫量は年々増えてゆく。

併合直後に1086万5000石だった米の生産量が、大正13（1924）年には1517万5000石。昭和12（1937）年には2700万石を達成している。

米の生産量が併合前の5割増となった大正13年には、日本にも467万石が輸出された。これはかつて東南アジアなどからの輸入米の量にほぼ相当する。また、同じように米の生産が奨励されていた台湾からも日本内地へ186万石が輸出され、日本政府がめざしていた米の自給体制ができあがる。

南方からの輸入米は「南京米(なんきんまい)」と呼ばれる長細いインディカ種の米だった。パサパサの食感は日本食との相性が悪い。平成5（1993）年の凶作で緊急輸入したタイ米には、多くの日本人が拒絶反応を示したことからも分かるように、この種の米が口にあわない日本人は多い。

一方、朝鮮半島で生産されるのは日本と同じジャポニカ種。そのうち78％は日本の品種が導入されていた。これなら日本人も違和感なく食べることができる。朝鮮米の輸入増大は、内地の庶民にとっても恩恵だった。

この他にも併合後の朝鮮半島では大麦、小麦、豆類、トウモロコシなど主要農産物の生産量も微増傾向にある。農産物の生産高を金額で見積もると、併合された明治43（1910）年は2億4172万1000円、それから10年後の大正9（1920）年には14億3371万4000円。この10年間で貨幣価値が2・85倍になっていることを考慮すると、生産額はほぼ倍増といった感じだろうか。

米は日本内地向け輸出の主力商品となっていた。大正期の大阪米市場では朝鮮米が7～8

割を占めていた時期もある。併合後は諸物価がかなり高騰した朝鮮半島だが、それでも日本内地より2~3割は安かった。内地米より安く仕入れて安く売っても、業者の利ざやは大きかった。

朝鮮側でも、内地への米輸出は旨味の大きい商売だ。少しでも多くの儲けを得るために、仕入れた米を日本内地へ輸出しようとする。結果、朝鮮半島では収穫量が増えているにもかかわらず、毎年、米は不足気味だった。朝鮮半島の住民1人あたりの年間米消費量は日本内地住民の60~70%だったという。

併合後の耕地面積はほぼ2倍となり、米以外の穀類や農産物の収穫量もかなり増えた。しかし、それ以上に朝鮮半島の人口が増大している。満州から粟をはじめとする雑穀を大量に輸入して不足する食糧を補うようになる。庶民層は高い米を買うことができず、安価な満州産の麦や雑穀を主食にする者が多かった。

「日本は朝鮮半島から米を奪った」

これも現代も韓国でよく言われる恨み言ではある。しかし、奪ったわけではない。商人は仕入れた商品を少しでも高値がつく場所を探して売る。資本主義システムが正しく動いただけのこと。

それに朝鮮半島内で消費される米の量そのものは減ってない。日本に輸出された米は、併合後の増産分にほぼ相当する量だけ。朝鮮半島内での米の消費量は併合後も減少してはいない。

また、併合以前から庶民層は雑穀を常食としていた。白米を毎日食べることができるのは、地主や都市部の富裕層に限られている。庶民に限って言えば、奪われるような米など最初からなかったということだ。

かつての朝鮮半島では凶作になると多くの庶民が飢餓に苦しめられ、餓死者が発生することも珍しくなかったという。併合後は満州からの大量の雑穀輸入がおこなわれるようになり、少なくとも人々が餓死する悲劇はなくなった。食糧事情はむしろ、かなりマシになったといえる。

米が朝鮮半島の主要輸出品となり、農家は米を売って現金収入を得られるようになった。これによって農村の暮らしは激変する。

日韓併合以前、交通網が未整備だった朝鮮半島の村々は、他の地域から隔絶されて生活

1932年の日本とその植民地を巡る主要な農作物貿易

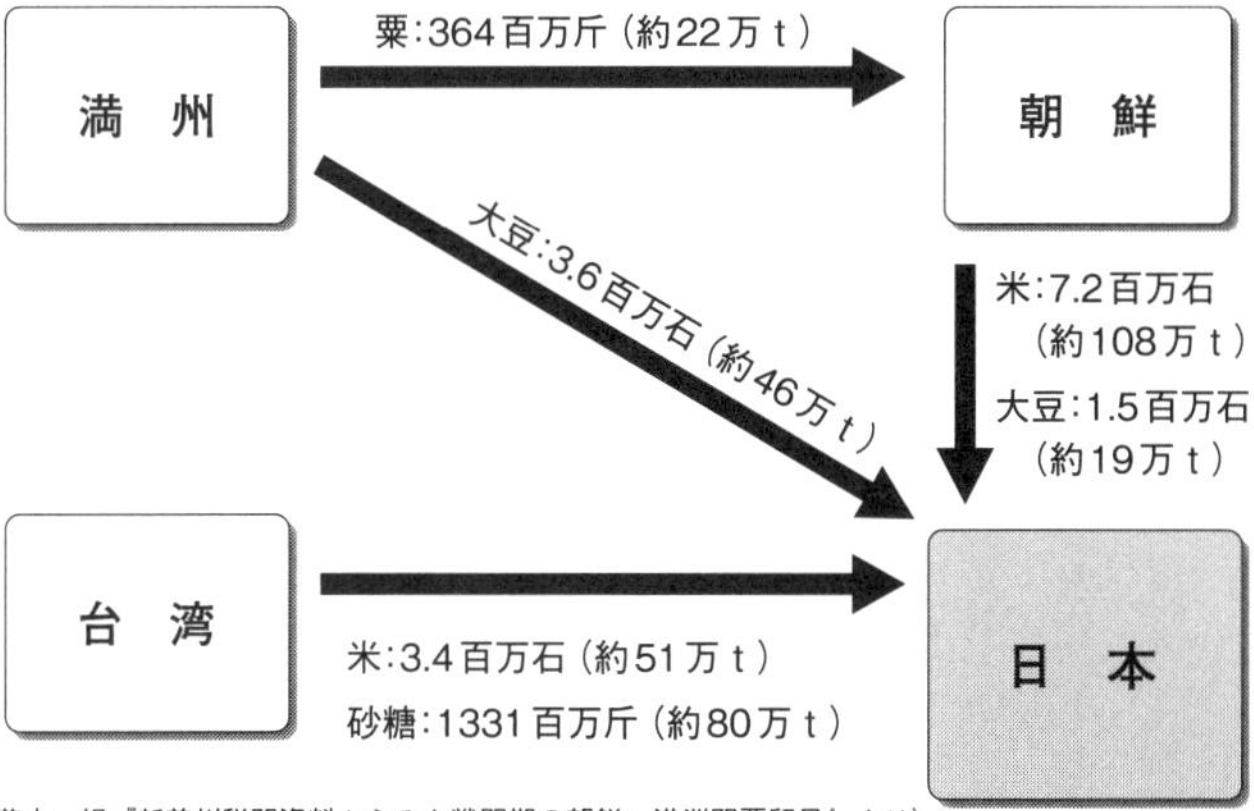

（荒木一視『新義州税関資料からみた戦間期の朝鮮・満洲間粟貿易』より）

は自給自足。必要な物を農産物と物々交換するだけで、現金はあまり必要ではなかった。しかし、道路や鉄道ができるとそこから文明の利器が入り込み、農民たちもこれを求めるようになる。物欲を満足させるには金が必要になる。

このため農産物を売って現金に換えるということをせねばならず、農村も否応なく市場経済に組み込まれてゆく。少しでも多く金を稼ぐには、収穫を増やす努力をせねばならない。良質な肥料や新品種の苗を購入し、農機具も買い揃える必要が生じる。ここでも金の工面に頭を悩ますことになる。

金のある者はさらに設備投資をおこなって収入を増やしてゆくだろう。貧富の差は広がり、貧しい者は自らの境遇を呪う。日本の植民地支配がなければ、物質文明や資本主義が入り込むこともなかった。と、恨まれる理由がまた増える。

小作人の生活は悲惨だったと伝えられる。収穫の半分以上を地主に奪われ、借金を返済せねば食ってゆけない。そして、高利貸しからさらに財貨を奪われる。食べることができるのは、米作の片手間に育てたわずかな雑穀と野菜だけ。春先になるとそれも尽きて、裏山で野草などを採取しながら飢えをしのぐ。１９３０年代になってからでも、50％を超える農民がそんな状況だったという。

日本が朝鮮半島を統治した35年間で小作農の数は20％も増えている。返済不能の借金をかかえて、農地を手放して小作人になる者が多かった。借金が返済できずに抵当となっていた農地を高利貸しに奪われる。

農民から土地を奪った高利貸しのなかには、内地から渡ってきた日本人も多かったという。また、その農地を購入する者の多くが日本人の富農や地主だった。

借金苦の農民が手放した土地まで含めると、現代韓国の教科書に「40％の農地が日本に奪われた」という記述により近い数字になるのかもしれない。
ただし、それは日本軍や官憲が武力を背景に奪ったのではない。文明社会では至極まっとうな取引で売買したものだ。持てる者が持たざる者から搾取するのは世の常、リベラル的な思考では悪とされる事ではあるのだが……それを法で裁くことは、昔も今も難しい。

朝鮮半島の山々を再生させた大植林事業

農地の生産力が飛躍的に向上したのは、その後背に広がる山々の環境も大きく関係している。険しい山岳地帯がつづく半島北部には、豊かな森林が広がっていた。しかし、中部や南部は無秩序な伐採により荒廃が目立つ。平野部の近くには、赤土が露出して崩落する崖や木々を失った禿山がそこかしこにあった。

総督府が作成した『朝鮮林野分布図』によれば、山地の26％は木がまったく繁っていない禿山であり、未成熟の若木しかない山まで含めると山地全体の42％にもなるという。しかし、大韓帝国政府は国土の荒廃にまったく無関心で、荒れ果てたまま放置されていた。

朝鮮総督府営林廠の木材製材所（『朝鮮：写真帖』）

荒廃した山は、崖崩れが頻発して危険このうえない。また、木々を喪失した山は保水力が著しく低下して、これが夏場に各地で渇水を起こす原因にもなっていた。山林の荒廃が穀倉地帯である南部に集中しているだけに、これを放置したままでは農業の発展は望めない。

朝鮮半島を豊穣の地にするには、土地改良や近代農法を導入するとともに、山林を再生させる必要がある。総督府は土地改良事業と平行して大規模な造林事業にも着手した。各地に種苗場を設置して大量の苗木を育て、国有林や危険な傾斜地や荒地での植林を進める。私有地の山林では、その持主に苗木を提供して植林を奨励した。

また、殖産局山林課は各地の山林を調査して、資源保護を考慮した伐採計画を策定。人員を確保して違法伐採にも監視の目を光らせている。朝鮮半島の林業に可能性が見えてくると、東洋拓殖株式会社などの民間企業も造林事業に参入するようになる。大正11（1922）年までに、民間でも10億本以上の植林がおこなわれた。

官民が木材資源の育成に熱を入れた。そのおかげで、併合から20年が過ぎた頃には、赤茶けた表土が露出していた禿山は、青々と樹木が茂る森林に変貌していた。

現在の韓国では、日本の植民地支配に協力した「親日派」の排斥が激しくなっているが、それは人間だけではなく動植物にまで及んでいる。

「日帝が植えた木を伐採しよう」

というスローガンのもと、日本原産の樹種を伐採する運動が巻き起こった。しかし、朝鮮半島の

日本産のカラマツが繋げる韓国の名勝・太白山（©Chalamkhav）

朝鮮全土の職業別人口比較（朝鮮総督府『朝鮮の人口問題』より）

	人口		職業別人口比率（千分率）	
	大正13年末	昭和18年末	大正13年末	昭和18年末
農業林業牧畜業	14,865,352	16,127,123	822.74	775.67
漁業	240,304	272,259	13.30	13.09
工業	450,619	508,357	24.94	24.45
商業・交通業	1,212,195	1,396,894	67.09	67.19
公務・自由業	495,006	832,357	27.40	40.03
その他	543,880	1,282,470	30.10	61.68
無職・職業不申告	260,760	371,861	14.43	17.89
合計	18,068,116	20,791,321	1000	1000

山々には、総督府の造林事業で植えられた日本原種の樹木がかなり広範囲に広がっている。

たとえば、韓国有数の名勝であり国立公園でもある太白山（テベクサン）の一帯にも、日本原産のカラマツが約50万本繁っている。それは同国立公園の全樹木の11・7％にもなり、すべて伐採してしまうと名勝の風景は激変するだろう。そういった場所は他にも多い。当時の植林が途方もない大事業だったことが、ここからも察することができる。

陸地だけではない、海でも近代化は推し進められている。朝鮮半島周辺海域は豊富な水産資源に恵まれながら漁獲高は低かった。発動機船がなく漁場は沿岸に限られていた。漁法も未熟で効率が悪い。

また、漁業人口も少なかった。併合直後に総督府が調査した「朝鮮人職業別戸口」によれば、農民2

朝鮮半島の南、巨済（コジェ）島東部の玉浦漁場（『大日本帝国朝鮮写真帖』）

33万7000戸に対して漁民は3万6000戸。すべての職業従事者に占める割合は1％程度にしかならない。

併合前から日本の漁業関係者には、この手付かずの優良漁場に強い関心を示す者は多かった。日露戦争後は日本内地から漁業関係者の移民が盛んになり、半島南部に移住してきた日本人による漁師村があちこちにできる。

その頃の瀬戸内海は乱獲によって水産資源が減少していた。故郷の海に見切りをつけた漁民たちは、瀬戸内とよく似た朝鮮半島南岸の多島海に続々と移住してきた。日本の農商務省も朝鮮半島沿岸を調査して移住の適地を探すなどしながら、漁民たちを積極的にサポートしている。

釜山港の魚市場。漁場を求めて内地から漁師がやってきた。(『大日本帝国朝鮮写真帖』)

総督府も漁業発展のために手を尽くした。約300にもなる港湾に波止場や防波堤の設置、発動機船を使った沖合漁法への転換、卸売市場の設置、魚類運搬船を導入して流通網の整備、水産試験場の建設、等々。様々な漁業振興策を実施している。また、朝鮮半島産水産物の販路拡大をめざして、中国や北米など世界各地の情報を収集し、そこへ輸出できそうな水産資源を探した。鮭鱒の孵化、貝類や海苔の養殖などの事業にも取り組み、加工法や商品化の研究も進められる。

これらの努力が功を奏し、水産業の生産額は急拡大。大韓帝国時代末期には800万円程度だった漁獲高が、大正12(1923)年には5

200万円にまで増えている。鮮魚の9割は日本に輸出されていた。干物などの海産物加工品も日本や中国内陸にまで販路が広がる。とくに海苔の養殖は大成功を収めた。半島南部沿岸には多くの海苔養殖場が建設され、米とならんで日本内地への主要輸出品となっていた。

この海苔養殖技術は、戦後の韓国にもしっかりと根付いている。現在は世界第1位の生産量を誇るようになり、90カ国以上に輸出して5億ドルを超える外貨を稼ぐまでに成長した。

東洋最大のダム建設、電源開発で工場数も急増

農業や漁業などの第一次産業については、併合後の10年間でかなりの成果が達成された。増えつづける日本内地の食料需要を支える供給基地として、充分にその機能を果たすようになる。

しかし、それだけでは経済発展にも限界がある。耕せる土地には限りがあり、水産資源も獲り過ぎたら枯渇する。また、朝鮮半島でも人口が増えつづけているだけに、第一次産業に頼るだけでは雇用にも限界がある。大量の雇用を生む商工業を発展させる必要があった。

「朝鮮人職業別戸口」によれば、併合時の鉱工業従事者は3万3000戸と漁民よりもさら

に少なく、商業従事者18万5000戸を加えても全体の10％に満たない。当時の朝鮮半島で、近代機器を設置した工場数はわずか252。その多くが日本内地資本による精米工場だった。

他には地元資本の醤油や酒などの小規模な醸造所くらいだろうか。繊維産業もほとんどが零細な家族経営で、機械式の近代工場は存在していないに等しい。そのため生活必需品である綿製品も、多くを輸入に依存していた。しかし、鉄道などの交通インフラが整備されると、この状況にも変化がみられるようになる。


最も発展が有力視されていたのは製糸業だった。朝鮮半島では昔から養蚕がさかんで、土壌や天候もそれに向いている。総督府は養蚕を奨励した。品質に優れた新しい蚕の卵を導入し、桑の栽培法や繭の乾燥法などを農家に指導する。これによって繭の生産量は30倍以上にも増えた。

大正2（1913）年になると大邱（テグ）に繭買入所が設置され、繭玉の仕入れも容易になる。すると日本内地資本による機械式製糸工場が次々に建設された。また、朝鮮人資産家も機械式製糸工場経営に参入し、1930年代には朝鮮全土にある84の大規模製糸工場のうち4割は朝鮮人経営者で占めるようになった。

東洋紡の仁川工場（『東洋紡績株式会社要覧：創立二十年記念』）

昭和時代には鐘紡（かねぼう）や東洋紡といった大手紡績会社や、メリヤス製品のメーカーなども進出してきた。戦前の日本では輸出総額の50％以上が繊維製品で占められる。朝鮮半島の安い労働力を得たことで、基幹産業の国際競争力はさらに強化された。

朝鮮半島各地では鉄道や道路など大規模なインフラ建設が進められている。大量のセメント需要が見込まれることから、併合後の早い段階から大手のセメント工場もこぞって進出した。

半島北部の鉱山では石灰石がいたるところで産出される。現在でも北朝鮮領内には１０００億トンの石灰石が埋蔵されているという。需要にくわえて、その原料もまた無尽蔵。セメント業界には魅力的な地だった。

小野田セメント平壌工場と晩達山採石場（『小野田セメント製造株式会社創業五十年史』）

大正８（１９１９）年には半島北部の平壌に小野田セメントのセメント工場が完成する。最新設備を揃えた巨大工場は、年産３・４万トンという当時は世界有数の生産能力を誇った。この他にも浅野セメントや宇部セメントなどの工場もある。各地で大量に生産されるセメントは朝鮮半島内の需要を充分に満たし、やがて日本内地や満州にも輸出されるようになった。

また、豊富に産出される石灰石からはカーバイドや、化学肥料の原料となる石灰窒素を製造することもできる。農産物を増産するには大量の肥料が必要となるだけに、肥料工場やその原料を供給する化学工場も増えてきた。

近代工場を稼働させるには大量の電力が必要になる。内地からさらなる工業進出を促すためには、もっと電力が必要だった。そのため河川を利用した電源開発にも巨費が投じられる。

大韓帝国時代の朝鮮半島には発電ダムは存在せず、小規模な火力発電所が稼働するだけの頼りない状況だった。総督府では併合直後から河川調査をおこなって、直轄事業として各地にダムを建設している。

昭和12（1937）年になると、日満国境（現在の中朝国境）を流れる鴨緑江流域に7つのダムを建設する大規模な開発計画が動きだす。総発電量164万5000キロワットをめざす巨大プロジェクト。総督府や満州国、国策会社の東洋拓殖株式会社なども出資しているが、基本的には民間の朝鮮水力発電株式会社が中心になって事業はおこなわれた。

この会社は政商の野口遵（したがう）によって創立されたもの。野口は総督府との関係が深く、彼が経営する日本窒素肥料は各地に多くの肥料工場や化学工場を保有していた。朝鮮半島進出によりその経営規模は急拡大。この頃には15代財閥のひとつにも数えられ、日窒コンツェルンと呼ばれていた。

日本窒素肥料の野口遵

日窒コンツェルンの資本の大半は朝鮮半島にあり、朝鮮半島の発展がその盛衰にかかわってくる。電力は産業のエネルギー源。財閥のさらなる成長のためには、なんとしても電源開発を成功させねばならない事情があった。

朝鮮水力発電株式会社が鴨緑江流域に造ったダムのなかでも、昭和16（１９４１）年に完成した水豊（スプン）ダムの規模は群を抜いた存在である。

当時は東洋最大の規模だった。堰の高さは１０６メートル、幅は９００メートル、ダム湖は琵琶湖の半分の水を貯めることができた。また、70万キロワットを誇る出力は、日本最大の黒部第四ダムのほぼ2倍にもなる。戦後に日本で建設されたダムのなかでも、水豊ダムに勝る出力を発揮できるものは存在しない。

しかし、その建設費は1億４０００万円と……こちらもまた、途方もない金額だった。鴨緑江流域の電源開発に費やした総予算は5億円に達していたという。

民間会社がこの巨大プロジェクトを完成させたことには驚かされる。ちなみに、鴨緑江流域での電源開発が始まった昭和12（１９３７）年の朝鮮総督府予算は4億２５１２万３０００円、日本政府の歳出総額は27億１０００万円である。

規模もさることながら、水豊ダムは当時の最新技術と大量の資材を惜しみなく投入されている。じつに堅牢な造りになっていた。朝鮮戦争では米軍機が大量の爆弾を投下したが、ダム本体を破壊することはできず。現在も発電ダムとして利用され、北朝鮮の電力需要を支えている。

1941年に完成した水豊ダム。現在でも北朝鮮が発電ダムとして使用している。

ダム開発で電力供給が増えれば、それにあわせて工場も増える。大正時代中期には工場数が2500を超えて、昭和時代初期になると約6500に。併合から20年余で25～26倍増という急増ぶり。この後も日本内地からの企業進出や投資はつづき、工場の数は増えてゆく。

工場製品の生産額も上昇曲線を描いていた。併合当初は4000万円程度だったものが、大正10（1921）年には2億円に達している。その後も生産額は伸びつづけ、昭和15（1940）年には18億円を突破した。

これによって、貿易収支は大幅に改善される。併合以前、大半の工業製品を外国から輸入していたことから貿易収支は毎年5000万円前後

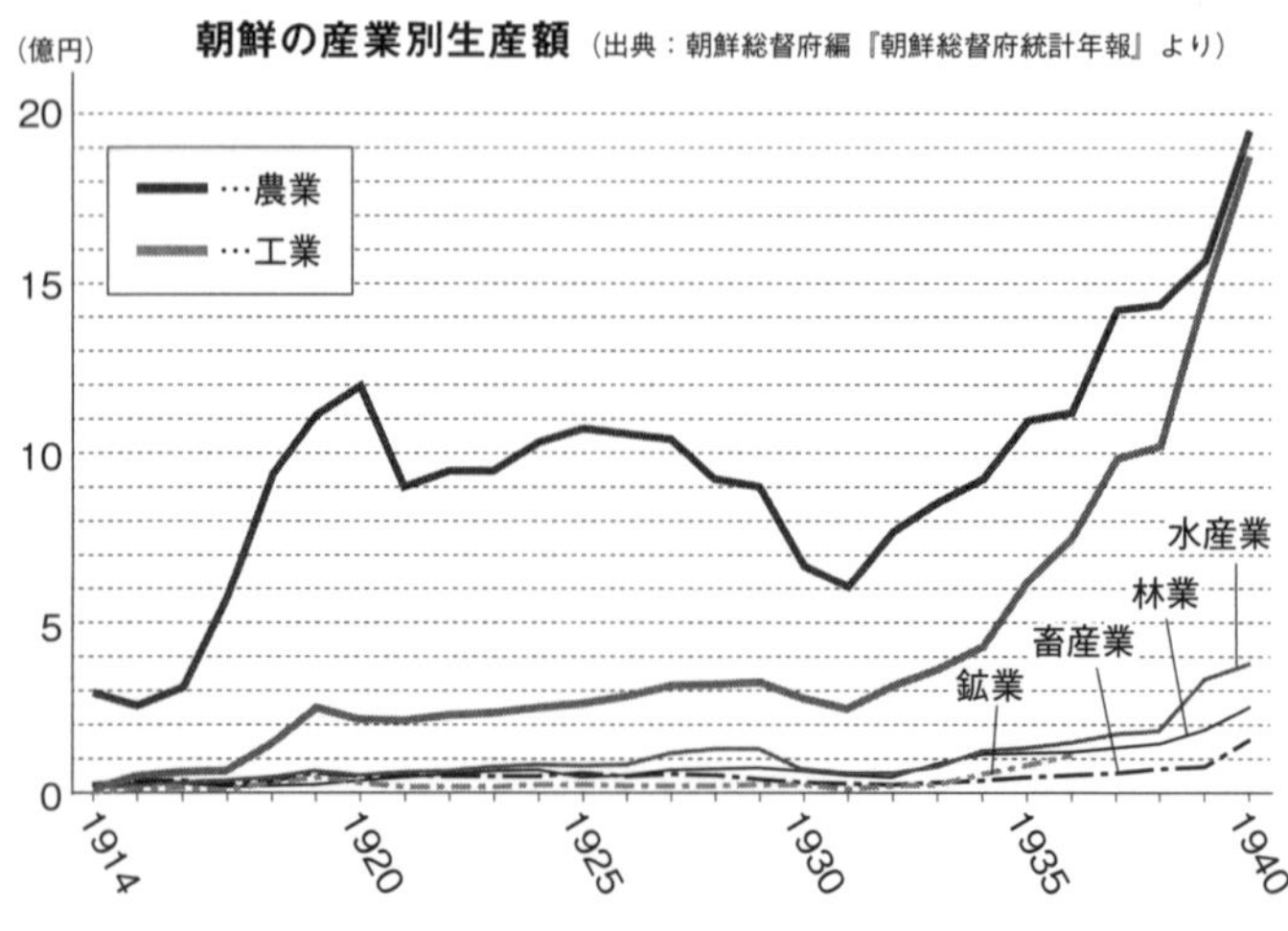

の大赤字だったが、併合後10年が過ぎた頃には年間数百万円程度にまで縮小された。

金のなる木に育つ、期待は高まっていたが……

旧大韓帝国政府は鉱山開発にも関心が薄い。また、鉱山に関しては多くの利権を有していた朝鮮皇室が、金銀などの鉱物資源が海外に流出することを恐れて開発に消極的だったといわれる。地下資源の埋蔵は各地で確認されていたが、ほとんど眠らせたままの状態。それだけに最も発展が期待される分野でもあった。

総督府は大正11（1922）年から14年間をかけて、半島全土で詳細な炭田調査を実施して

朝鮮の鉱産物産出額　（単位：千円）

	1912年	1921年	1923年
金	4,580	2,992	3,914
砂金	670	359	336
石炭	546	3,192	2,750
鉄鉱石	156	1,716	1,806
銑鉄	—	4,829	5,684
精鉱	275	1,489	1,626
金銀鉱石	3	587	590
グラファイト	182	209	258
その他	228	214	362
合計	6,640	15,587	17,326

（アレン・アイルランド『THE NEW KOREA』より）

いる。その結果、17億3000万トンにもなる石炭の埋蔵が確認された。しかも8割にあたる13億5000トンが無煙炭だった。無煙炭は燃焼しても煙が少なく発熱量が高い。隠密性と高速性能が求められる軍艦の燃料には最適で、かつては各国海軍が戦略物資として重視していた。

日清・日露戦争の頃には、日本海軍も平壌近郊で豊富に産出する無煙炭に強い関心を示した。韓国統監府が平壌鉱業所を設置して無煙炭開発に着手し、併合後はその事業が海軍に移管されて海軍燃料廠平壌鉱業所に改称される。海軍予算を投入して大規模な開発がおこなわれ、昭和3（1928）年には14万トンを生産。朝鮮半島の全炭鉱のなかでも最大の採掘量を誇っていた。

昭和時代になると民間資本も参入して、新たな炭鉱が次々に開発される。併合時には年間約8万トンに過ぎなかった採掘量が、10年後には約29万トンに増えている。さらに、日中戦争が始まった昭和12（1937）年は243万トン、太平洋戦争末期の昭和18（1943）年には706万トンに達した。

軍艦や大型船舶の燃料は石油に移行していたが、火力の強い無煙炭はまだ様々な用途に利用できた。高温の火力が求められる製鉄にはとくに向いている。

半島北部や南西部では昔から鉄鉱石も産出される。その将来性に期待した三菱が巨費を投入して兼二浦（けんじほ）製鉄所を建設し、1930年代には日本最大の八幡製鉄所に次ぐ年間15万トンの生産量を達成するようになる。

総督府の調査によって東アジア最大の推定埋蔵量を誇る鉄鉱石鉱脈も発見され、日中戦争が始まった頃には本格的な開発がおこなわれるようになっていた。製鉄の原料となる鉄鉱石と、高炉を燃やす石炭は豊富にある。製鉄業を中心とする重工業は、将来の朝鮮半島の基幹産業になると期待された。

日本製鐵兼二浦製鉄所（『日本製鉄株式会社事業概要』）

無煙炭はこの他にも、様々な産業で燃料として用いられる。また、練炭に加工して暖房にも使われ、これが日本内地へ輸出された。日本内地では無煙炭がほとんど採れない。そのためこれも中国や仏領インドシナからの輸入に依存していたのだが、朝鮮半島の産出量が増えたことで自給が可能となる。昭和12（1937）年には65万トンの無煙炭が日本内地へ輸出された。

黒鉛や亜鉛、鉛、銅などの鉱山開発も進む。咸鏡（ハムギョン）南道（ナムド）内陸部では推定埋蔵量1億トン以上のマグネサイト鉱床が発見されている。マグネサイトは建材や製鋼の材料など様々な用途に用いられる軽金属、かなりの需要が見込めるだけに日本内地の経済界も注目を集めた。

総督府や東洋拓殖株式会社の出資で朝鮮マグネサイト開発株式会社が創立され、大規模な開発がおこなわれる。2200万円の工事費を使って、内陸部の鉱山と積み出し港を結ぶ専用鉄道も建設された。

1930年代になると、総督府も鉱山開発に積極的になる。コバルト、モリブデン、リチウムなど希少金属の資源調査をおこなった。兵器製造に必要な戦略物資を求める軍の意向が強く影響したものだが、これらの希少金属は取引価格が高く、開発に成功すれば朝鮮半島の経済も飛躍的発展が期待できる。

明治43（1910）年に朝鮮半島で産出された鉱物資源は総額約600万円。その80％近くが大阪造幣局に輸送された砂金によって占められ、他の鉱物資源についてほとんど採掘がおこなわれていない状況だった。大正7（1918）年には約3100万円と5倍にまで増えたが、第一次世界大戦後は資源価格が急落して2000万円台にまで落ち込んでしまう。

成長の勢いは鈍化した。しかし、調査により付加価値の高い希少金属が大量に埋蔵されていることは確認されている。これが朝鮮半島の鉱業にさらなる大発展の期待を抱かせる。日本内地からの投資も旺盛だった。が、鉱山開発で投資に見合った利益を得るまでには、かなりの年月を要するもの。その時間がなかった……充分な見返りを得る前に終戦となり、投資を回収する前に鉱山も設備もすべて失ってしまう。

朝鮮半島北部の鉱山は、戦後になってやっと莫大な投資に見合う利益を生むようになる。石炭や鉄鉱石の採掘量は順調に増えつづけ、日本資本が基礎を築いた製鉄などの重工業が大発展を遂げる。これによって60年代には北朝鮮の経済が急成長し、ＧＤＰは韓国を遥かに凌いでいた。

貿易と製造業発展のための政府支出 （単位は千円）

	給料と諸費用	補助金	合　計
1912	358,606	311,732	670,338
1913	414,458	216,451	630,909
1914	627,925	218,396	846,321
1915	746,345	323,396	1,069,741
1916	385,365	323,396	708,761
1917	367,060	30,146	397,206
1918	518,138	30,396	548,534
1919	650,069	101,500	751,569
1920	752,835	110,518	863,353
1921	1,024,328	219,000	1,243,328
合　計	5,845,129	1,884,931	7,730,060

（アレン・アイルランド『THE NEW KOREA』より）

また、希少金属類の鉱山については、資金難から戦後はほとんど放置されたまま。大量の資源が手つかずの状態で地下深くに眠っているという。

最近は何かと注目を集める先端産業に欠かせぬ原材料のレアアースやレアメタル類も、世界埋蔵量の３分の１がそこにある。その資産価値を試算すると約３００兆円になるという。

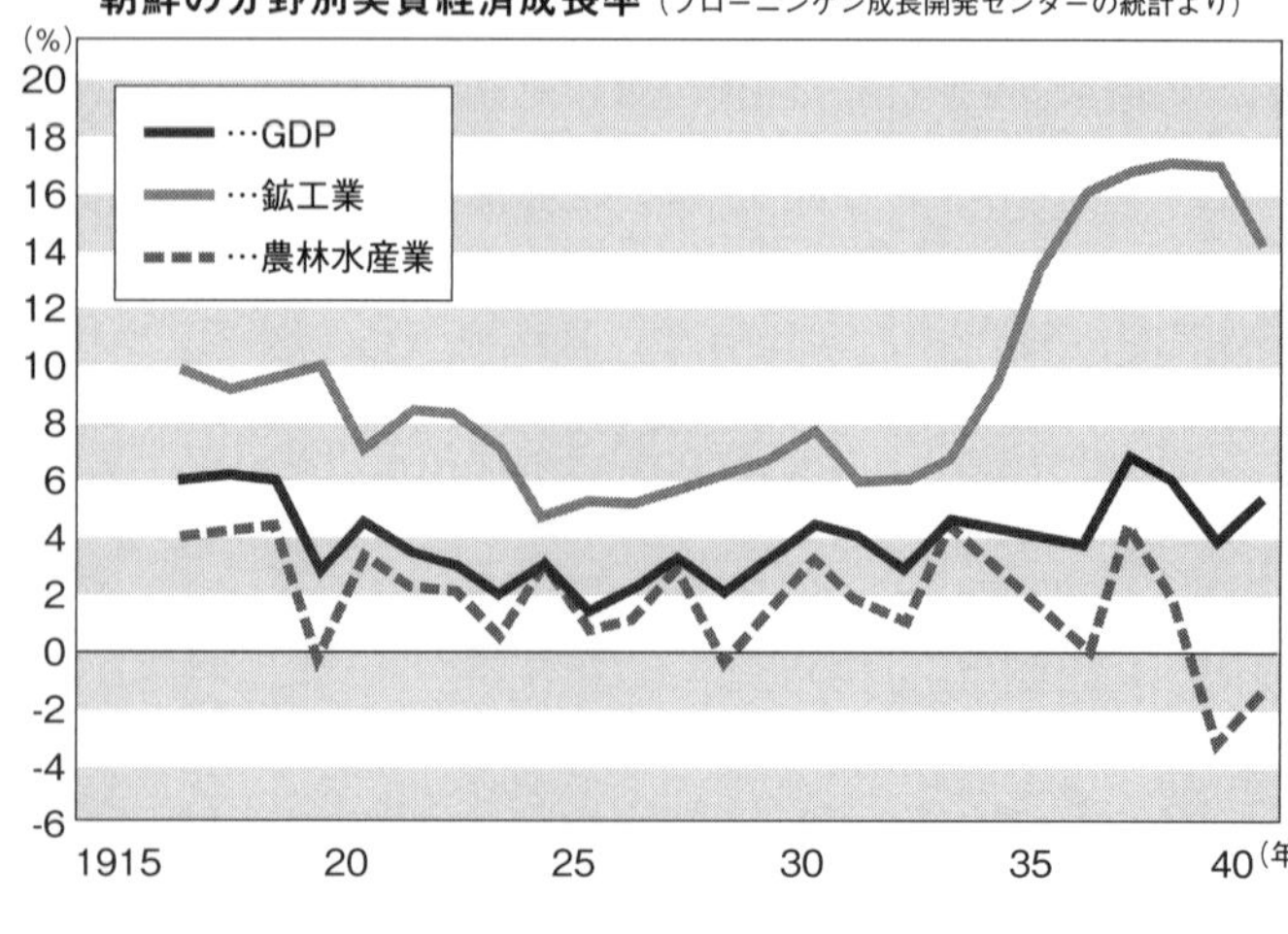

日本がもっと長く朝鮮半島を統治していたのなら、投資を回収して儲けを得ることができたかもしれない。

それは朝鮮半島の産業全般に言えることだ。日本内地では第一次世界大戦後から日中戦争頃まで経済が低迷し、GDPの年間上昇率も1～2％の低空飛行だった。各国の状況も似たようなもので、上昇率はおおよそ2％前後である。

そんななかで朝鮮半島だけは、毎年4％以上もGDPが上昇する高度経済成長がつづいた。この傾向は太平洋戦争開戦頃まで継続する。それは、日本政府関係者や朝鮮半島に進出していた企業、債権や株を購入している個人投資家に、

「いずれ金のなる木に育つだろう」

と、期待を抱かせるに充分な数字だった。

【第四章】皇民化のコスト

朝鮮を〝植民地〟にしなかった理由

朝鮮半島では日本の国法を施行せず、朝鮮総督府がこれを統治した。通貨も日本内地と違う朝鮮円を流通させている。事実上の植民地。だが、日本は大韓帝国内の親日派と結託して「合邦」という手法を取り「日本の一部」とした。

なぜ植民地にしなかったのか？　海外に多くの植民地を有していたイギリスも、隣接するスコットランドやアイルランドを同様のやり方で国土に組み入れている。収奪を目的とした植民地とは違って、併合されて国土となった地に暮らす人々は「国民」となり、国家は教育の普及や住民生活の向上に力を入れる。その見返りとして、そこに住む人々は国家の一員として、その発展に貢献することが求められる。

日本にはもともとその傾向が強かった。遅れて誕生した帝国主義国家が支配できる植民地は少ない。なんとか獲得できたわずかの植民地では、そこにある資源のすべてを有効活用せねばならない。人もまた重要な資源である。

人的資源として活用するには、国家への忠誠心や教育が必要になってくる。日清戦争で清国から割譲された台湾でも、日本はインフラの充実をはかり教育制度を整えて人々を同化させようと努力した。併合により国土の一部となった朝鮮半島に対しては、その傾向がさらに顕著になってくる。維新後の日本に編入された北海道や沖縄のように、いずれは朝鮮半島も日本と完全に同化させることをめざした。

植民地ではなく併合、抑圧するのではなく同化させる。いわゆる「皇民化政策」を推し進めたのは、朝鮮半島の人口が関係していたのかもしれない。

明治29（1896）年には台湾が植民地になって初の戸口調査が実施され、約258万人の人口が確認されている。一方、朝鮮半島の人口は大韓帝国時代の明治40（1907）年でも約1300万人と推定されていた。

台湾統治の初期には、中国系移民や少数民族の反乱が頻発して鎮圧に陸軍が出兵する事態になった。このため予想外の軍事予算の膨張を招いている。その約5倍にもなる人口を擁する朝鮮半島の統治は、やり方をひとつ間違えるとさらに厄介なことになる。

実際、併合直前には朝鮮各地で義兵が蜂起して治安状況が悪化していた。台湾の時と同様に、軍隊を動員した鎮圧がおこなわれた。これをずっと力で抑圧しつづけようとすれば、多大な軍事費や治安維持への出費を覚悟せねばならない。植民地支配よりも併合という道を選択したのは、朝鮮人の反発を和らげて治安維持にかかるコストを抑えるため。理由としてそれもあったと思われる。

また、1000万人を超える者たちが「国民」となり日本のために働いてくれたら、国力は飛躍的に増強される。朝鮮半島から人的資源を得ようとするなら、やはり植民地支配よりも併合して日本の一部とするべきだ、と。

事はそう簡単にはいかない。初期の頃には軍人の総督による強圧的姿勢が目立ち、それが民衆の反発を買ってしまう。三・一運動が起こり、総督府も治安維持費の増大に頭を悩ませた。

しかし、状況はやがて落ち着いてくる。異国に支配されたという衝撃や屈辱が、時間の経過とともに薄れたのだろうか。それとも日本政府や総督府が打った手立てが功を奏したのか？

三・一運動後、総督府の統治スタイルは強圧政治から宥和政策に路線転換し、皇民化政策にもいっそう力を入れるようになった。国政選挙にもその影響が現れる。大正14（1925）

年に普通選挙法が施行された際、日本内地に居住する朝鮮人にも選挙権・被選挙権が与えられた。

昭和7（1932）年には東京3区から出馬した朴春琴（ボクシュンキン）が当選し、初の朝鮮人代議士となっている。また、終戦間際の昭和20（1945）年になると、選挙法改正により朝鮮半島にも衆議院選挙区が設定されて23名の議席が割り当てられた。

1932年の衆議院議員選挙で当選した朴春琴（前列中央）

日本内地人と同等の選挙権を有し、国政に朝鮮人の代表を送り込めるようになったことで、朝鮮人の国民意識がさらに強まることが期待された。この他にも様々な政策が実施された。

日中戦争が始まる頃になると、朝鮮人の独立運動や抗日勢力がすっかり影を潜めたことから、これらの政策が朝鮮人の日本への帰属意識を高めたと評価する声はある。が、本当にそうなのか？判断は難しい。

朝鮮人は創氏改名を望んだのか？

朝鮮人に対しておこなわれた皇民化政策のなかで、最も有名なのが創氏改名である。朝鮮統治安定のために効果があったのか、それとも弊害のほうが大きかったのか？　現代でもこれについては賛否両論、判断が分かれるところではある。

創氏改名の目的は、朝鮮人に日本国民としての意識を持たせることにあった。その国に暮らす人々が国家への帰属意識と忠誠心を持ち、自分たちが「国民」であることを自覚する。それは、近代国家の国民には求められる資質だろう。けど、明治維新以前の日本人と同様、朝鮮人にはその観念が希薄だった。

旧大韓帝国の治世下では、人々が身分階級によって分断されていた。そのため国家よりも地縁や血縁への帰属意識が強くなる。また、政治参加できるのは両班階級に限られ、大半を占める庶民層は蚊帳の外。これで国家への忠誠心を求めるのは無理だろう。

朝鮮半島の人々に共通の「国民」という意識を持たせるために、まずやらねばならなかっ

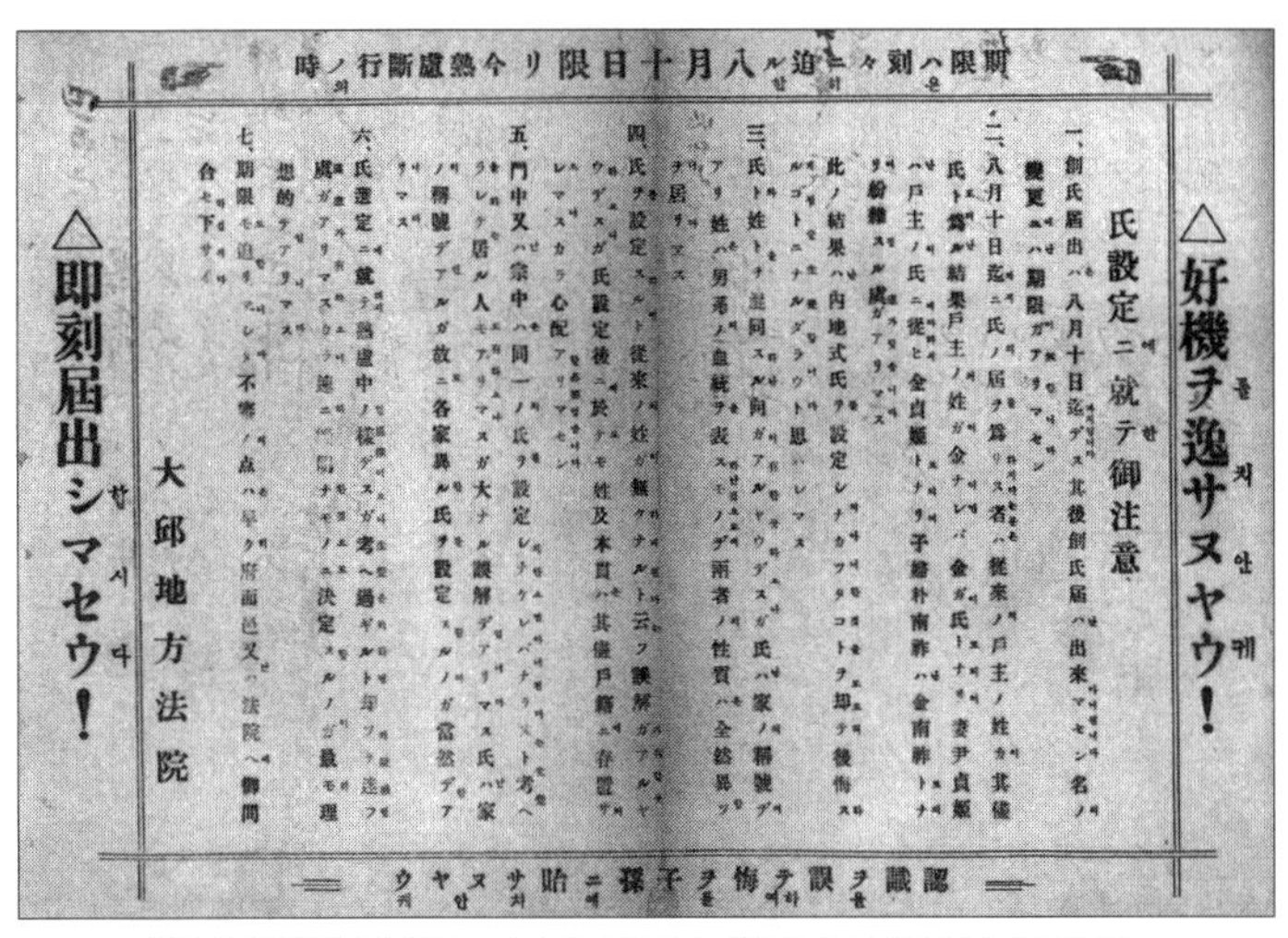

期限ハ刻々ニ迫ル八月十日限リ今熟慮断行ノ時

△好機ヲ逸サヌヤウ！

氏設定ニ就テ御注意

一、創氏届出ハ八月十日迄デ其後創氏届ハ出来マセン名ノ變更ニハ期限ガアリマセン

二、八月十日迄ニ氏ノ届ヲ爲サヌ者ハ従来ノ戸主ノ姓ガ其儘氏ト爲ル結果戸主ノ姓ガ金ナレバ金ガ氏トナリ妻尹貞姫ハ戸主ノ氏ニ従ヒ金貞姫トナリ子婦朴南祚ハ金南祚トナリ紛雑スル虞ガアリマス

此ノ結果ハ内地式氏ヲ設定シナカッタコトヲ却テ後悔スルコトニナルダラウト思ハレマス

三、氏ト姓トハ混同スル向ガアルヤウデスガ氏ハ家ノ稱號デアリ姓ハ男系ノ血統ヲ表スモノデ兩者ノ性質ハ全然異ッテ居リマス

四、氏ヲ設定スルト従来ノ姓ガ無クナルト云フ誤解ガアルヤウデスガ氏設定後ニ於テモ姓及本貫ハ其儘戸籍ニ存置サレマスカラ心配アリマセン

五、門中又ハ宗中ハ同一ノ氏ヲ設定シナケレバナラヌト考ヘラレテ居ル人モアリマスガ大ナル誤解デアリマス氏ハ家ノ稱號デアルガ故ニ各家異ル氏ヲ設定スルノガ當然デアリマス

六、氏選定ニ就テ熟慮中ノ様デスガ考ヘ過ギルト却ッテ迷フ虞ガアリマスカラ適當ニ決定スルノガ最モ理想的デアリマス

七、期限モ迫ッテ居レバ不審ノ点ハ早ク府面邑又ハ法院ヘ御問合セ下サイ

大邱地方法院

△即刻届出シマセウ！

認識ヲ誤テ悔ヲ千載ニ貽サヌヤウ

創氏を呼びかける公示。カタカナにハングルのルビがつけられている。

たのが身分制度の撤廃だった。明治維新後の新政府は「四民平等」をスローガンに、武士階級から特権を剥奪する痛みを伴う改革をおこなった。朝鮮半島でも同様の改革が断行されることになる。

しかし、儒教が知識階級の素養や学問だった日本とは違って、朝鮮半島では宗教として深く信じられている。身分制度もまた儒教的価値観が根底にあるだけに厄介だ。

一般庶民の間にも医師や技術職は「中人」、農業に従事する「常民」などと細かい身分区分が存在する。その下には仏教の僧侶や巫女、商人などは「七賤」と呼ばれる賤民の身分があり、それが人口の約30％を占めていた。

賤民のなかでも最下層にある「白丁（ペクチョン）」と呼

ばれた人々の境遇は悲惨だった。旧大韓帝国の法律では彼らを人間と認めず、姓を持つことを許さず戸籍がない。居住場所や冠婚葬祭にも様々な禁止事項があった。往来を歩く時は「白丁歩き」と呼ばれる独特の歩き方を強制され、文字を学ぶことも罪に咎められる。両班や一般人が白丁を殺害しても、罪に問われなかったという。

日韓併合の前年に韓国統監府の指導で新しい戸籍制度が導入された時、白丁にも戸籍を与えてすべての賤民階級が姓を持つことを許可された。が、身分制度の頂点に立つ両班階級の反発も激しかった。併合前後に両班階級が義兵の蜂起を先導したのは、日本に支配されることよりも、身分階級撤廃への怒り。それが彼らを突き動かしたといわれる。

日本政府や統監府、総督府はこれに一切譲歩せず。反抗を力で抑え込んで、身分制度撤廃を断行した。併合前後は義兵闘争の激化によって、軍隊の増派など治安維持に要する費用が増大したことは第二章でも触れている。

それはある意味、朝鮮半島の人々に国民意識を植え付けるために必要なコスト、避けては通れない出費だったのかもしれない。

しかし、身分制度は撤廃されても、それで差別がなくなるわけではない。内地日本人の朝鮮人に対する優越感と差別感情……日本が一枚岩の国民国家となるには、こちらも払拭せねばならない。それが人々の意識のなかにあるものだけに、制度としてある、身分階級を撤廃するよりも遥かに難しい。

日露戦争後の日本人は「世界の一等国」を強く意識するようになっていた。他のアジア諸国や諸民族を蔑むことでその自尊心を満足させる。自立できない失敗国家・大韓帝国も例外ではない。併合によって日本の一部になったからといって、朝鮮人を同等の日本国民として扱うのはプライドが許さない。「朝鮮人は二等国民」といった線引きは、当時の内地日本人に共通する意識だった。

日韓併合に反対する朝鮮人の独立運動家を新聞では「不逞鮮人」と犯罪者扱いしていた。この他にも様々な差別用語が普通に使われていたが、誰もそれに疑問をもつ者はいない。

総督府では差別用語を使うことを禁じていたが効果はない。朝鮮半島に移住した日本人は、内地在住者よりもさらに朝鮮人に対する偏見や差別感情が強かった。

俳人の高浜虚子が日韓併合の翌年に朝鮮半島を旅行した時のこと。荷運びの朝鮮人から足りない料金を請求された日本人客が、これを罵倒して突き飛ばした一部始終を目撃している。日本人が「バカ」「この野郎」「朝鮮人のくせに」などと罵倒する言葉が、街のあちこちで聞かれたという。また、日系商店では同じ使用人の立場の日本人店員が、年上の朝鮮人に大威張りで敬語を使うことを命じたりもする。

この状況を目にした『朝日新聞』の京城特派員が寄稿した記事には、

「同化政策ほとんど不可能」

と、綴られていた。

日本人の差別感情が、朝鮮人の同化を難しくさせている。

日中戦争が始まり、多くの内地日本人男性が徴兵されるようになっていた。人的資源が不足し、国家のために働く「国民」が1人でも多く必要だった。朝鮮人が完全に同化して、その忠誠心に信頼が置けるようになれば、兵士として使うこともできる。朝鮮総督府もそれを早く実現させようと知恵を絞った。

日本人と同じ名字を名乗るようになれば、日本人側の差別感情が和らぐかもしれない。また、朝鮮人にも同じ国民という意識が芽生えるだろう。と、創氏改名の目的もそれ。朝鮮半島の人的資源を有効活用するための皇民化政策の一環として導入されたものだ。

朝鮮半島では儒教の教えに従って、人々は男系の先祖から引き継いだ「姓」を名乗り、結婚後もそれぞれの姓は変わらない。夫婦別姓が基本。しかし、日本では家族を表す名字（苗字）を名乗り、結婚後は夫婦が同じ名字になって家族を作る。「血縁」よりも「家」が重視されていた。

創氏改名とは、朝鮮人が昔から使っている「姓」とは別に、日本内地の名字に相当する「氏（家族の名称）」を新たに作らせて戸籍に登録する制度である。

氏を創造するということから「創氏」と呼ぶ。「金」という姓であれば「金田」といったように、日本風の氏にすることが奨励された。また、創氏にともなって下の名前も「太郎」「花子」などの日本風に変更することが「改名」であり、「創氏改名」はこのふたつを合わせた造語だった。

昭和15（1940）年には朝鮮民事令の改正により「氏」の登録が義務化される。

「日本は韓国人から姓を奪った」

現在の韓国では創氏改名制度をこのように理解する者が大半だが、確かに創氏には法的拘束力があった。

しかし、日本風の氏に改めるのではなく、昔から使ってきた戸主の姓を氏として登録することが認められている。また、昔から使用していた姓のほうも戸籍に姓を別記して残される。氏を奪ったというよりも、「姓」とは別に新たに「氏」を登録することが求められた。と、そう考えるのが正しいのではないか?

創氏改名は朝鮮人の要望によりおこなわれた。そう主張する者もいる。平成15（2003）年に自民党政調会長（当時）の麻生太郎氏が東京大学学園祭で公演した時、これについて興味深い話をしている。

朝鮮人が日本式の名字をくれと言ったのがそもそもの始まりだったと、麻生氏は言う。満州国建国後は国境を越えて満州に行く朝鮮人が増えた。この時、旅券に朝鮮の姓が書いてあると朝鮮人と分かってしまい仕事がやり辛くなる。だから、

「日本の名前をくれと朝鮮人からの要望が多くなり、日本がそれに応えて創始改名をおこなったのだ」

と……当時はこの話が新聞やテレビで報道され、色々と物議を醸した。記憶している人も多いだろう。

かつて朝鮮の宗主国だった清国では、朝鮮人を見下す風潮があった。中国の一部である満州でもそうだった。

しかし、満州国建国後は日本人が支配者となり、満州人や中国人の上に立つようになった。満州国には多くの朝鮮人が移住していたが、当時は彼らも日本人である。日本風の名字を名乗れば、内地日本人と見分けがつかない。そうなると、自分たちを見下し差別してきた満州人や中国人との立場が逆転する。となれば、日本の名字を欲する者もいただろう。日本政府や現地の治安当局もそれを望んでいた。当時、満州の総人口約４０００万人に対して、内地日本人の移住者は日露戦争以来の植民地・関東州を含めても80万人。数的に心細い。満州支配を安定させるには、２００万人を超える人口を擁する在満朝鮮人の協力が必要だった。

創氏あるいは通名で日本名を名乗る朝鮮人たちが、華北や華中の日本軍占領地域でもよく見かけられた。日本名の朝鮮人は支配者の一員として振る舞い、日本の統治にも協力的だったという。

日本名を名乗ることで、優越感を味わうことができる。二等国民として差別される「国内」とは違って、満州や華北、東南アジアでは「日本風の名字」に価値が感じられた。現地の人々が日本人と朝鮮人を見た目で区別するのは難しい。日本名を名乗っていれば日本人と思われて、多少の横暴も許された。

日本国民であることのメリットが存分に感じられる。それによって国家への忠誠心が芽生える。同化や皇民化は、少なくとも満州や外地では実現していたようだ。

また、1920年代後半あたりから、京城や釜山などの都会に住む女学生たちの間では、花子や幸子などと日本風に「子」をつける名前が流行(はや)るようにもなったという。

ちなみに創氏は無料で登録できたが、改名には手数料50銭が必要である。庶民には痛い出費となる金額だけに、改名した者は総人口10%に満たなかったが、それを払える階層には日本風の氏名が好まれていたようだ。若い夫婦の間では、女子が産まれた時に「○子」と日本風の名をつけるのが多数を占めるようにもなっていた。

朝鮮半島や日本内地で暮らす朝鮮人も、年齢や階層によって創氏改名に対する考えはかなり違っていたようだ。暮らしに比較的余裕があり、流行文化に触れる機会も多い都会人には、日本風の名前をオシャレと感じていたりもする。

イギリス植民地の香港でも、大半の住民が欧米風のファーストネームを名乗っていた。中国領となったいまでも、それがすっかり定着している。また、現代の韓国人の名前も、日本名の影響は多分に見てとれる。

維新の成功体験を朝鮮半島にも導入してみたが……

しかし、すべての朝鮮人が創氏改名を望んだわけではない。日本内地在住の朝鮮人で創氏した者は全体の2割と、むしろ少数派だった。内地の役所も朝鮮人の創氏には関心が薄く、届け出ない者にまでそれを求めることはしない。

一方、朝鮮半島では創氏は8割にも達している。皇民化政策を推進する総督府は、その一環である創氏改名にも熱心だった。届けを出さなければ、役人が出向いて創氏を迫ることもあった。日本内地と朝鮮半島の6割の差は「強制」によるものか？

届出のあった氏の75％は日本風のものだったという。それがすべて本人の意思だったかというのは疑わしい。朝鮮半島の識字率は低かった。文字の書けない庶民の代わりに、役人が代筆することもあったという。本人が望まない日本風の氏が登録されることもある。また、職場などでも周囲の圧力などによって、本人の意思に反する創氏を強いられた者もいただろう。

自ら進んで創氏改名をして、日本名を名乗ることで利益を得ていた者は存在する。しかし、大多数の「国内」在住の朝鮮人にとって、創氏改名は必要のないものだった。日本風の名字を名乗っても、外地で満州人や中国人を相手にするようなわけにはいかない。すぐに朝鮮人と見透かされ、蔑視されることは変わらない。そうなると何の価値もない。日本名を名乗ることがむしろ屈辱と思えたりもする。

それが、いまもなお負の遺産として生きつづけているようだ。創氏改名は植民地時代の日本が犯した悪行として糾弾され、韓国人の嫌日感情を増幅しつづける。日韓関係をこじらせる要因のひとつになっている現状を見ると、やるべきではなかった。そう思う。

創氏改名を推進した当時の総督府官僚たちも、まさか、それが現代まで尾を引く問題になろうとは予想していなかったはず。70年を過ぎたいまになっても、過去の失政は有形無形の負債となって累積しつづけている。

やらないほうが良かったといえば、神社政策もまたそうだろうか。日韓併合以前から、日本人居留民によって朝鮮半島各地に小規模な神社や祠(ほこら)が建てられていたが、総督府は同化政策の一環として朝鮮人にも神社参拝を奨励するようになる。

政教分離がされていることは、近代国家においては基本中の基本だ。が、戦前の日本では天皇を現人神と崇め、その祖神・天照大神を祀る伊勢神宮を頂点として全国の神社を組織化していた。大日本帝国憲法で信教の自由は認められていたが「神社は宗教にあらず」として、他宗教を信仰する者にも崇拝を求める。国家神道という言葉があるように、実際には現人神や天孫系の神々への信仰は国民の義務となっていた。

戦前・日本の実態は、神道を国教とする政教一体の宗教国家だったといえる。

明治維新以前まで、人々は藩ごとにひとつの「国家」を形成して生きてきた。そんな者たちに〝日本人〟としての国民意識や一体感を植えつけねばならない。そのためには国民統合の支柱となるものが必要だった。

新政府は国家神道にそれを求めたのだが、成果は予想を遥かに上回るものだった。同じ神を崇めることで、短期間のうちに国民意識ができあがる。現人神への忠誠心は欧米列強も畏怖する勇猛な兵士を造りあげた。日清・日露の戦勝も、国家のために平然と命を捨てる兵士たちの活躍によるところが大きい。

為政者たちはこの成功体験に味をしめていたようだ。同じ手法を使って、朝鮮半島でも国家神道の普及を図るのだが。しかし、それは悪ノリといった感が否めない。日本人とは違って神道に馴染みのない朝鮮人には、違和感が大きかっただろう。いきなり異国の神への崇拝を求められても、心から祈ることができるはずもない。

「半島人民をして永（とこし）へに報本反始（ほうほんはんし）の誠を致さしむる」

として、大正8（1919）年には京城市街地を見下ろす南山（ナムサン）の麓に、天照大神と明治天皇を祀る朝鮮神社が創建された。翌年にはこれが朝鮮神宮に改称され、朝鮮半島の総鎮守となっている。7000坪の神域を整備して壮麗な社殿が建てられ、市街地からつづく広い参道も造られた。これらに要した費用は約600万円。朝鮮総督府庁舎の建築費にほぼ匹敵する額になっている。

朝鮮神宮（京城府南山）。天照大神と明治天皇を祭神とし朝鮮半島の総鎮守とされた。

また、総督府では「一道一国幣神社」の方針を立て、１９３０年代には大邱、平壌、光州など各道の８都市にも大規模な神社を建設した。この他にも地方政府や日本人居留民、日本企業などがさかんに神社や神祠（しんし）を創建している。その総数は１０４９にもなる。

朝鮮人に対しても事あるごとに神社参拝を奨励した。戦後の韓国では、

「神社参拝を強要された」

という声が多く聞かれる。戦時中は神社境内で配給がおこなわれたという。食料や生活必需品を得るために仕方なく境内に入り、社殿に向かって下げたくもない頭を下げる。たしかに「強要された」感は強い。

「俺は日本が早く負けるように祈っていた」

と、植民地時代を経験した老人の間では、このような話もよく聞かれる。無理強いをすればそうなる。人の心の内にある思いまでは、総督府にも推し量る術はない。

皇民化政策を推進するために導入した神社参拝だが、効果よりも弊害のほうが大きい。それを裏付けるデータもある。

昭和20（1945）年8月15日の終戦を契機に、神社の放火事件が頻発した。朝鮮総督府の調査によれば、8月16日からの8日間で放火や破壊にあった神社や神祠は136にもなる。これは警察署の襲撃件数とほぼ同数。警察と同様に、日本支配の象徴として神社が憎まれていたことの現れだろう。

1000を超えていた神社や神祠の建設費については、詳しい資料が見つからない。しかし、地方の小さな神社でも、小学校を建設するのとほぼ同等の費用がかかったという話がある。もしも、神社建設費用の半分でも学校建設に使っていれば、朝鮮半島の教育制度はもっと充実したものになっていただろう。

そのほうが、よっぽど皇民化政策の推進にはプラスになったかもしれない。金と労力の無駄使い。その最もよい例だ。

大韓帝国時代の学校「書堂」の授業風景（『朝鮮：写真帖』）

近代教育制度の導入によって ハングル文字は普及した

「植民地から搾取するだけの欧米とは違って、日本は朝鮮や台湾に教育を施した」

こう言って過去の植民地支配を美化する保守層は多い。たしかに朝鮮半島各地に学校を建設して、近代教育を浸透させたのが日本であることは間違いない。しかし、それは善意でおこなったものではなかった。神社への崇拝を強要したのと同じで、その目的は朝鮮人の同化を促進して日本の国力を増強させるためにある。

朝鮮人が日本語を理解できなければ、労働力として使うにも難儀する。だが、読み書きができれば、さらに使い勝手は良くなる。また、国家への忠誠心を植え付けるにも、学校での教育は欠かせない。植民地の人的資源を十分に活用するには教育が必要だった。

かつての大韓帝国でも、科挙試験合格をめざす両班階級の師弟に儒学を学ばせる官立学校が存在した。また「書堂」という私塾が各地にあり、その就学率は全人口の15〜19％程度になっていたという。ただし、女子の就学は認められなかった。そのため、併合前の朝鮮半島ではほとんどの女性が文字の読み書きができない。庶民層では男子も大半が文盲(もんもう)で、識字率は10％に満たなかった。

韓国統監府はこの状況を改善するために、明治38（１９０５）年から大韓帝国政府に日本人教育顧問を派遣して教育改革に着手。日本政府が50万円の資金を供与して官立漢城高等女学校と農商工学校を設立した。

併合後の明治44（１９１１）年には朝鮮教育令を公布して、内地日本とほぼ同等の学校教育制度が導入される。８歳以上の男女は普通学校で学ぶことになった。これは日本内地の尋常小学校に相当するもので修業年限４年間。また、中学校に相当する４年制の高等普通学校、修業年限３年の女子高等普通学校、各種の実業学校なども創設された。

大正11（1922）年になると第二次朝鮮教育令の公布により、普通学校の入学資格が6歳以上となる。修業年限は6年間に延長され、高等普通学校と女子高等普通学校も5年制に。日本内地の学制とほぼ同じ内容となった。

京城高等普通学校の授業風景（『朝鮮：写真帖』）

しかし、初等教育は日本内地とは違って義務教育ではない。すべての子供たちに内地と同水準の教育を実施するには予算が不足していた。

総督府では日本内地並みの教育環境をめざし、この後も地方政府に補助金を交付して学校建設を促す。また、私学校を接収して誰もが学べる普通学校に改めたり、教育普及のために様々な手を尽した。

そんな努力の甲斐もあり、大正3（1914）年に318校しかなかった普通学校は、大正14（1925）年には1084校まで増える。さらに日本統治末期の昭和19（1944）年になると、公立学校総数は5213校に。普通学校就学率は男子90％、女子70％、日本内地に近い水準に達している。朝鮮人全体の識字率も50％を超えて、若い世代では大半がハングル文字の読み書きができるようになっていた。

朝鮮半島各地に建設された普通学校では〝国語〟である日本語の普及と、日本人としての愛国心や道徳観念を植え付けることを第一の目的としていた。教科は国語（日本語）、朝鮮語、道徳、算数、日本史、地理、理科、図画、唱歌、体育などがある。国語の授業は週9～12時間、朝鮮語の授業は週3～4時間だった。

日韓併合以前、各地にあった私塾で子供たちが学んだのは、中国の古典や漢文の読み書きだけ。ハングル文字は教えていなかった。教育の場で朝鮮語が教えられるようになったのは、併合後に普通学校ができてからのことである。

現代の韓国で使用されるハングル文字は、1433年に李氏王朝第4代の世宗（セジョン）王の頃に考案されたものだ。当初は朝鮮固有の文字として導入を推し進めたのだが、朝鮮半島は地域によって発音がかなり違う。そのため地域が違うと、表音文字のハングルでは意味が通じない。また、語法についてもばらつきがある。

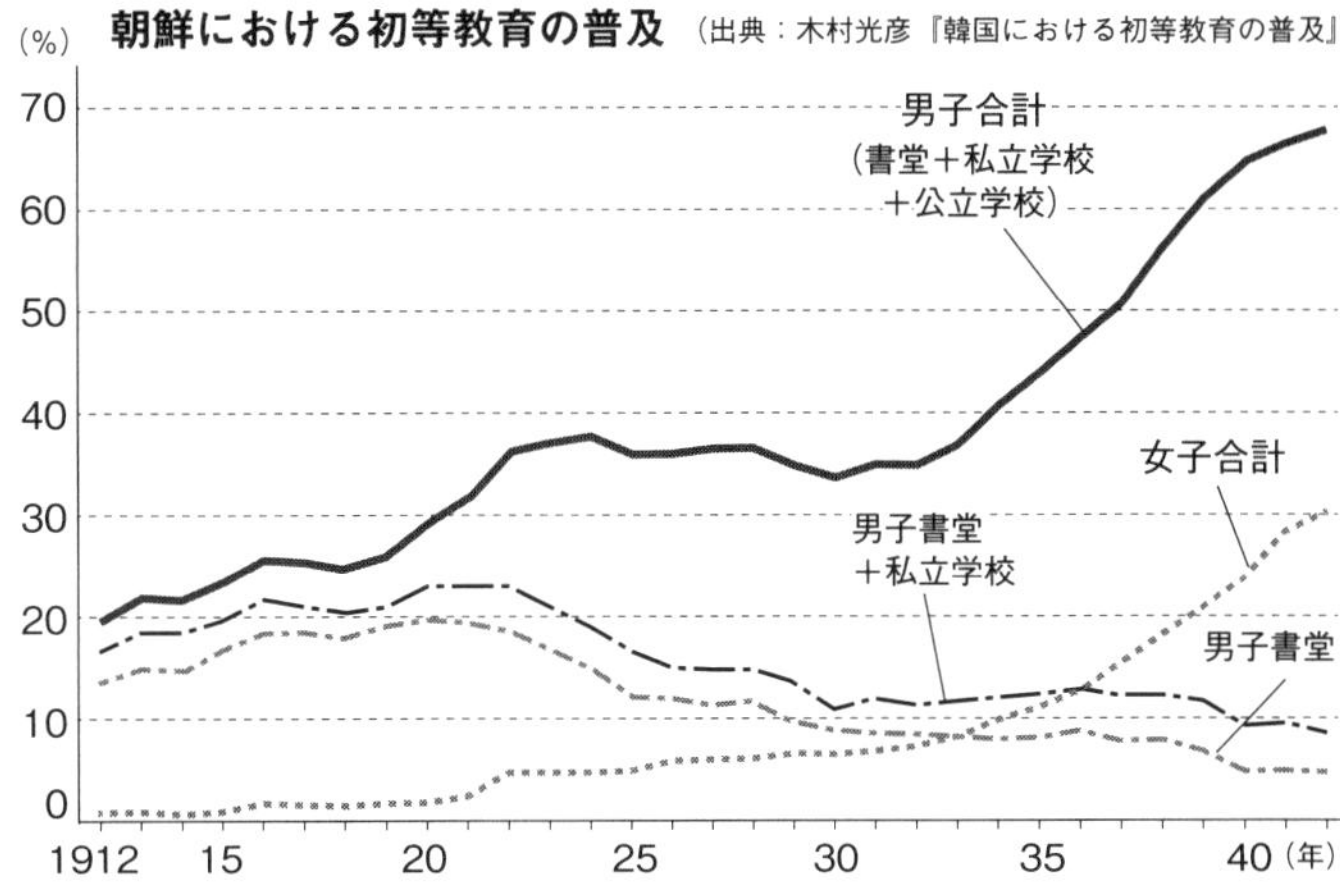

1924年から32年にかけて教育普及率が低下した理由には、①朝鮮総督府による書堂への規制強化、②経済状況の悪化、③抗日運動の盛り上がりなどがある。

不都合が多いハングル文字はすぐに廃れ、近世になると使用する者がほとんどいない状況だった。しかし、表音文字は習得が簡単で、庶民に文字の普及を図るには最適である。と、明治15（1882）年に朝鮮政府顧問に就任した井上角五郎が中心となり、漢城近辺の発音語法を基に表記を統一したハングル文字を完成させて普及を提唱した。

文盲の改善を急ぐ総督府も、普通学校教育にこれを取り入れてハングル文字の読み書きが教えられるようになる。ハングル文字が朝鮮半島に定着したのは、日韓併合後に導入された近代教育によるところが大きい。

朝鮮全土に公立学校を建設するのは難事業

様々な行政目標に総督府が支出した推定予算額 （単位：千円）

	1918	1921	増加（%）
地方政府	4,440	10,133	128
医療と衛生	730	1,883	157
教育	2,196	6,100	180
産業奨励	3,573	8,798	146
公共事業	7,341	15,329	108

「地方行政やその他の公共団体」の支出推定予算額 （単位：千円）

	1918	1921	増加（%）
医療と衛生	782	1,723	120
教育	4,897	19,382	287
産業奨励	2,139	5,411	153
公共事業	3,210	11,953	272
社会・慈善	194	383	97

（アレン・アイルランド『THE NEW KOREA』より）

だったが、それ以上に教師の人材確保には苦労した。学校の数が増えるに従って、日本語教育をおこなう日本人教師の数が不足してくる。そのため総督府は、日本内地よりも高待遇で日本人教師を募集した。

普通学校の数が1000校を超えた大正14（1925）年には、地方政府が運営する学校だけでも1904名の日本人教師が在籍していた。日本人教師の給与は内地の40％増、それにくわえて年間300～400円程度の住宅手当が支給される。教師の人件費が高くなる分、日本内地よりも教育予算は割高だった。

大正時代中期頃、普通学校の授業料は1カ月50銭程度だったが、授業料だけで学校運営はできない。不足する資金は地方政府や地方教育機関が負

朝鮮の教育に関する公共支出 （単位：千円）

年　度	1913	1919	1920	1921	1922	1923
総督府						
直接	550	1,536	2,493	4,155	4,172	5,033
補助金	(686)	(1,755)	(2,968)	(3,596)	(4,052)	(2,861)
地方政府						
直接	428	789	725	1,271	2,049	3,091
補助金	(269)	(1,737)	(3,458)	(3,873)	(3,953)	(2,489)
地方教育機関						
直接	1,157	3,214	8,157	10,245	13,306	13,903
地域教育組合						
直接	555	2,391	4,354	4,419	5,581	5,331
総支出	2,691	7,920	15,729	15,729	25,108	27,360

（アレン・アイルランド『THE NEW KOREA』より）

担したが、総督府もこれに多額の財政支援をおこなっている。第二次朝鮮教育令施行直後の大正12年には、教育関連で総額2510万8000円の公共支出があった。その半分近くが総督府の一般会計から捻出されている。

昭和13（1938）年には第三次朝鮮教育令が発布された。「内鮮一体」「内鮮融和」の同化政策を強く意識したもので、普通学校や高等普通学校の名称は、日本内地と同じ小学校、中学校に改められる。

教科書も日本と同じものに統一された。この時に朝鮮語は必須科目から外されて、朝鮮語の授業を廃止する学校も多くなる。日本語の使用が徹底され、授業時間以外でも朝鮮語を喋ると

訓練を受ける朝鮮の特別志願兵（『写真週報 第22号』昭和13年7月）

教師から叱責された。また、中学校や高等女学校では基本的に日本人と朝鮮人は別々の学校に通っていたのだが、内鮮共学の学校が新設されるようにもなる。

日中戦争の開戦により、軍では多くの兵士が必要になってきた。朝鮮半島でも徴兵制を施行しようという動きがあり、それを視野に入れて朝鮮人の日本語能力と忠誠心を高めておかねばならない。教育の現場でも、兵士を育成するという目的が露骨になってきた。

日本人と朝鮮人が同じ教室に机を並べて学ぶ。当然のこと、そこには差別やいじめが起こる。内鮮共学には弊害も多々ある。しかし、兵士を得るという目的は、ある程度達成されただろうか？

第三次朝鮮教育令が発布されたのと同じ年に、日本陸軍は特別志願兵制度を創設して朝鮮人兵士を募集した。この時も募集人数に対して応募者は7倍と、それなりに人気はあったのだが。この後、志願者は年々増えつづけ、昭和18（1943）年になると倍率は約50倍にまで跳ねあがる。6000人の募集に対して30万人以上の応募者が殺到した。日本内地と同様に、朝鮮半島でも多くの少年たちが兵士になることを熱望するようになっていた。

実利なくして、愛国心や国民意識は芽生えない

多くの朝鮮人が積極的に戦争協力するようになったのは、教育の成果もあるだろう。それは否定できないのだが、それよりも大きかったのはやはり、人々が心の内で弾いていた損得勘定だと思う。

自分たちが安全に快適に暮らすには、大韓帝国と日本、どちらに統治されていたほうがよいのか？　どちらが自分たちにとってより良い支配者なのか？

日韓併合から10年以上が過ぎると、生活環境の向上がはっきりと見て取れるようになってきた。大韓帝国時代の暮らしが過酷で劣悪だったということを、人々はいまさらながら思い知る。同族の朝鮮人が統治していた頃よりもむしろ、異民族の日本人に支配されたほうが、遥かにマシな暮らしになっている。抗う理由がない……むしろ、協力して安定的な統治がおこなわれるほうが、自分たちには得るものが多い。そう悟ったのだろう。

併合後、最もマシになったのが医療と衛生環境。大韓帝国政府は公衆衛生の観念が希薄で、都市部は汚水やゴミがあふれ異臭が充満していた。コレラや腸チフス、赤痢などの伝染病が常に蔓延している。

総督府は鉄道や道路建設とともに、衛生環境の整備を急いだ。京城や仁川、釜山、平壌、木浦（ポクモ）、元山などの都市部には上下水道を設置し、地方の村々にも助成金を支給して公共の井戸を掘らせている。大半の地域で安全な飲料水を確保できるようになり、疫病の発生率は激減した。

また、併合直後に満州でペストが大発生した時には、警官や憲兵を約１０００名も動員して国境を越えてやって来る感染者に目を光らせた。ネズミの殺傷と捕獲を徹底させるなど、様々な対策をおこなっている。そのおかげで、満州では5万人以上の死亡者が発生したペス

昭和４年頃の京城府。上下水道などインフラ整備が進んだ。(『朝鮮博覧会記念写真帖』)

ト禍も、国境を接する朝鮮半島では目立った被害がなかった。

大韓帝国時代には、都市部にも病人に適切な治療ができる病院はなく、庶民は祈祷師の呪術に頼っていた。

そんな状況なだけに、公共病院の建設も急務。大正８（１９１９）年からは２５０万円の予算を組んで各地に病院が建設される。後に予算を４５９万円に増額して、大正12（１９２３）年には官立病院や公的団体が運営する病院が50以上、私立病院をあわせると１００を超える大規模病院が稼働するようになった。また、病院のない僻地には警察署に公認医師を派遣して、病人の治療や防疫、ワクチン接種などがおこなわれるようになる。

衛生環境や医療体制が整備されたことで、朝鮮半島の出生率や平均寿命などの統計にも顕著な変化が現れる。併合以前の明治39（１９０６）年～43（１９１０）年の朝鮮人平均寿命は23・53歳。同時期の内地日本人の平均寿命44～45歳と比べてみると、じつに短命だった。それが昭和17（１９４２）年には44・94歳となり、内地の平均寿命とほぼ同じレベルになっている。

人口のほうも平均寿命の延びに比例してほぼ2倍増。明治43（１９１０）年の１３１３万人が、昭和17（１９４２）年になると２５５３万人にまで増えた。

「人が長生きできるようになった」「死亡する赤ん坊が少なくなった」と実感させるにも充分な数字だ。大韓帝国時代の劣悪な環境に戻りたいとは、誰も思わなかったはず。安全に暮らす環境を与えてくれる統治者であれば、それが何者だろうが人々は支持する。

また、併合直後には、明治天皇から新たに臣民となった朝鮮半島の人々に３０００万円の特別恩賜金が支出されている。

恩賜金のうち約半分は日韓併合に尽力した貴族や学者、困窮民に援助として直接支払われ

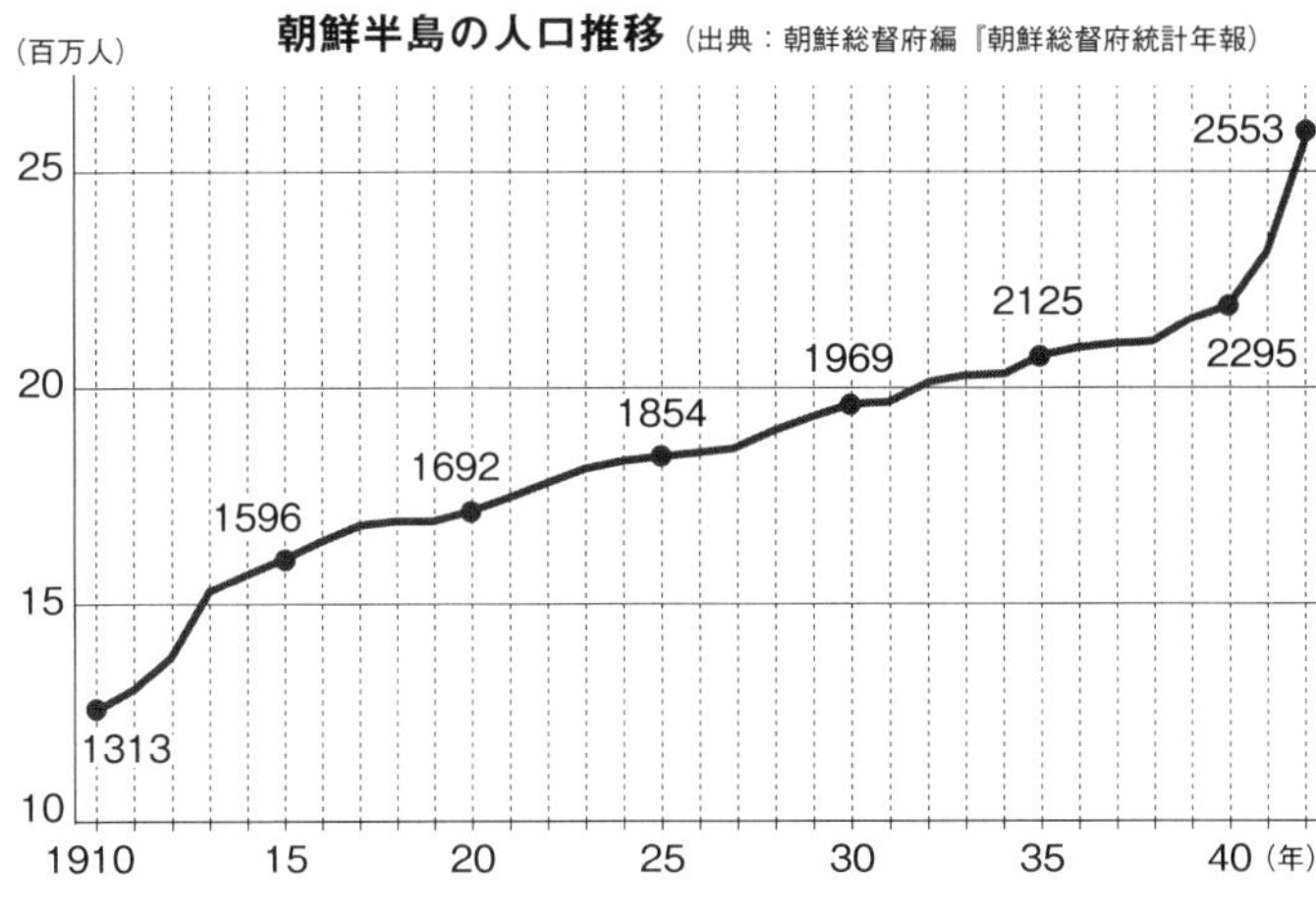

たが、残りの1739万8000円は人々の生活向上のための基金になった。そこから得られる年間90万円前後の利子収入で、災害被災地支援や困窮民救済など様々な福祉事業がおこなわれた。ちなみに明治時代末期の90万円は、現代の貨幣価値にして25〜26億円といったところだろうか。

この後も明治天皇崩御や大正天皇即位などの折に、皇室から恩賜金が与えられて資金は積み増しされる。その都度に貧困層医療や無料銭湯の提供など、新しい福祉事業が次々に始められた。

旧大韓帝国皇室は、庶民にとって縁遠い存在だった。人々は皇帝から恩恵を与えられることなく、ただ非情な搾取を受けた記憶だけが残る。何も与えずに奪うだけでは、王室や皇室への畏敬の念が生まれるはずもない。

日の丸の掲揚、宮城（きゅうじょう）遥拝（ようはい）や御真影（ごしんえい）への敬礼。学校や職場で日々のルーティンワークを強要するだけで、人々の意識は変わらない。

尊敬の念を抱かせるには、その理由が必要だ。天皇の名でおこなわれた様々な福祉事業が、敬うべき理由を与えたのかもしれない。崇高な理想や目標を掲げるだけで、民衆がそれに従うことはない。何も与えてくれない国家に、忠誠を誓うような者はいないだろう。

【第五章】「植民地」に暮らす日本人の実相

朝鮮半島を目指す日本人入植者

『朝鮮総督府　人口調査結果報告』によれば、敗戦の昭和20（1945）年時点で朝鮮半島には71万2000人の日本内地出身者が住んでいた。

インドやシンガポールで暮らしたイギリス人、インドネシアのオランダ人などと同様に、日本統治時代には「植民地」の旨味をたっぷり味わった者たちである。日本人の移民者にとって、朝鮮半島よりも居心地の良い場所はない。

明治33（1900）年の日本の人口は約4385万人、維新期よりも1000万人以上増えている。余剰人口のはけ口を求めて、日本政府は海外移民を奨励した。が、無制限に移民を受け入れてくれる都合のいい国は存在しない。日本人移民が急増したアメリカでは、これを警戒して排斥運動が起きていた。

アメリカとの関係悪化を避けたい日本政府は、年間の移民数を自主制限するようになる。そのため新たな余剰人口の行き先、移民の新天地を見つける必要があった。狭い海峡を隔て

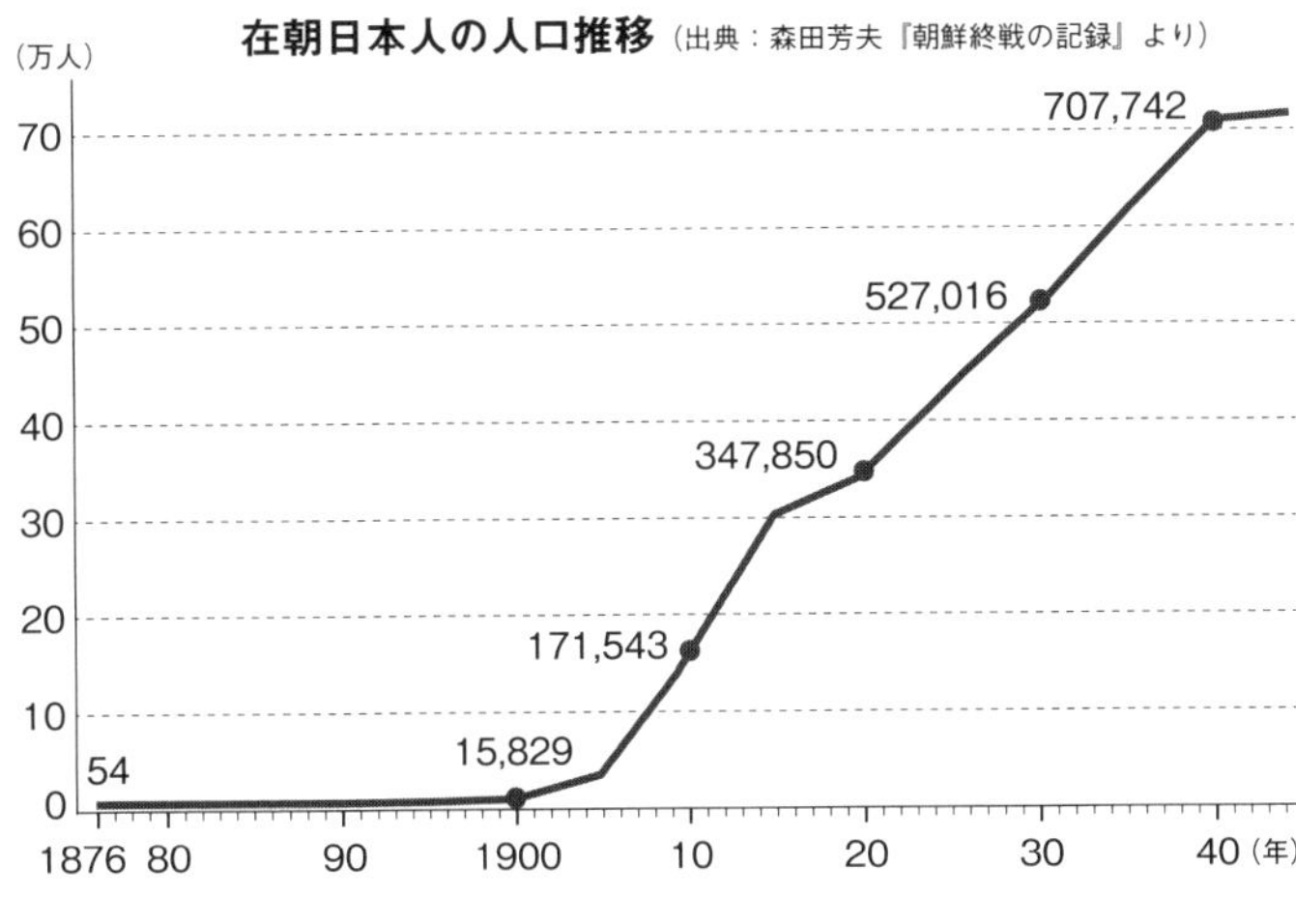

て隣接する朝鮮半島にも、それを求めた。

日清戦争後、日本政府は朝鮮半島への移住を奨励し、各地に新設された開港場に多くの日本人が移住するようになる。政府の意向を忖度した新聞や雑誌でも「内地に比べると賃金は1日20〜30銭も高くなる」とか「朝鮮人の人件費1日25銭と安く、事業を起こすには有利な場所だ」といった記事を掲載して移民熱を煽った。

官民による移民キャンペーンの効果だろうか、明治33（1900）年の時点で1万5829人だった朝鮮半島の日本人人口は、5年後に4万2460人に増えている。日露戦争が開戦して日本軍が朝鮮各地に展開すると後を追いかけるようにして、さらに多くの日本人移民が殺到した。

日韓併合の明治43（1910）年には、朝鮮半島の日本内地出身者人口が17万1543人に達している。この頃、台湾の日本人人口は9万8048人。台湾が植民地になって15年が経過しているのだが、朝鮮半島にはすでに植民地化の以前から、それを遥かに上回る数の日本人が暮らしていた。

日本から最も近い外国。また、太古からお互いが深くかかわってきた歴史的経緯、日本とよく似た気候風土などが、実際の距離以上に朝鮮半島を近くに感じさせる。そのため移住を決断するのも易い。併合前からもはや「国内」の感覚だったか？

日本内地出身の移住者には、上は総督府の役人や資産家の大商人から下は日雇い労働者や娼婦まで、様々な階層の者たちがいた。併合当初は都市部に集中して暮らしていたが、朝鮮総督府が無主地や国有地を払い下げるようになると、地方の農村への農業移民もしだいに増えてくる。

昭和3（1928）年の農業恐慌で農作物価格が暴落した頃には、困窮した零細な朝鮮人農家が次々に土地を売り払って離農した。内地から移住した者たちがそれを買い漁り、全耕作地の10％を超える約40万町歩が内地出身者の所有地になってしまう。田圃（たんぼ）に限っていえば

東洋拓殖株式会社の手引きで朝鮮に渡ってきた日本人移民（『朝鮮移住案内』）

さらにその比率は高くなり、太平洋戦争が始まった頃には54％に達していた。

米作の中心である全羅北道（チョルラブクト）、畑作の中心地だった黄海道（ファンヘド）など平野部の肥沃な土地には、とくに内地出身者の所有地が集中する。東洋拓殖株式会社などの企業や自ら土地を耕すことのない大地主だけではなく、自作農もそれなりの数がいた。昭和16（1941）年の調査では、内地出身者の農業人口が2万5029人を数える。これは朝鮮半島の全農業人口の3〜4％に相当した。

日本統治初期の頃であれば、土地価格は内地の10分の1以下。また、移民を奨励していた総督府から様々な援助があり、有利な融資

譲渡された土地で農業に従事する日本人移民（『朝鮮移住案内』）

も受けることもできる。内地では小作人が自作農になるなど夢のまた夢。次男坊や三男坊だと小作地を得ることさえも難しい。しかし、朝鮮半島に行けばその夢を実現できる可能性が大きかった。

日韓併合から太平洋戦争開戦時までの約30年間で、東洋拓殖株式会社を通して日本から の農業移民に22万9000町歩の農地が譲渡されている。

1戸あたり平均2・1町歩。朝鮮人自作農一戸あたりの平均耕地面積は1町歩程度だったというから、それに比べると規模は大きい。内地出身の農民たちは蓄財して新たに田畑を買い足し、また、荒れ地を開墾するなどして所有地を増やしてゆく。3町歩以上を所有する大規模な自作農も多かった。

機械化がされていない当時、一戸の農家が耕作できるのは2町歩が限界。そのため農夫を雇ったり、朝鮮人の小作人に貸したりもする。日本内地の零細な農家と比べれば、かなり裕福に暮らすことができた。

内地出身者は、あらゆる職種で高給優遇された

併合時の朝鮮半島で内地出身者の職種で最も多かったのが商人。商店の従業員まで含めると28％が商業従事者だった。大正期の日本内地で、商業従事者の比率は総人口の11～12％程度。それと比べれば朝鮮半島の比率はかなり高い。

日露戦争で多くの日本軍部隊が駐留する朝鮮半島では、各種の物資が不足するようになっていた。その話を聞きつけて、内地から多くの商人が押し寄せて物を売るようになる。京城の外港である仁川の日本人口は９４０３人となり朝鮮人を上回っていた。ロシアとの停戦が成立すると、その数はさらに増えつづける。

１０００円の資金があれば京城市内の一等地に店をだして、月50円程度の純利益を得ることができたという。２年で元が取れると言われていた。当時の１０００円は現代の貨幣価値で約３０００万円。日本内地よりも少ない元手で確実に稼げる。商人にとっては魅力的な場所だった。

また、併合後は土地投資もさかんになり、資本のある者は土地を買い漁った。都市部の一等地に多くの建物を所有して、日本人相手の賃貸業が流行る。併合から間もない頃、釜山のとある賃貸業者は月々２０００〜３０００円の家賃収入を得ていたという。それが当時の実業雑誌で紹介され、不動産投資への関心がさらに高まる。

大正６（１９１７）年の調査によれば、京城や釜山などの市街地でも約40％の土地が日本内地出身者の所有になっていた。日本からの移民が急増しているだけに、土地の売買や賃貸業は儲かる商売だったようである。

商家では日本人店員が多く雇われていたが、こちらは住み込み３食付きで月々の給料は４〜15円。見習いの丁稚だと２円50銭というのが相場だった。大阪の商家で奉公する丁稚だと月々の賃金は２円程度だから、内地よりは多少優遇されている。だが、彼らが朝鮮半島に移住する理由は、わずかな賃金面の優遇よりも将来の展望に魅力を感じたところが大きい。同じ雇われ人でも企業に勤務するサラリーマンと商家の奉公人では、めざすべきところが違う。サラリーマンのように生涯を会社に雇われて終わるつもりはなく、独立して自分の店を持つことを目標としていた。

商家の給料は安い。だが、店主は長年勤めた者が独立する時に、同じ屋号の使用を許し、資金を援助するなど様々なサポートをしてくれる。〝暖簾(のれん)分け〟は昔から日本の商家でおこなわれてきた慣習である。

暖簾分けされて将来的な独立をめざすにも、江戸時代から商業が発展した日本では、津々浦々まで他の商人が入って地盤を築いている。そこに入り込むのは難しい。しかし、朝鮮半島の場合は、商業が未発達でそれなりの人口がある町にも商店がなかったりする。大韓帝国が商人を蔑み商業の発展を抑制してきたことが、新たに起業する者たちには恩恵をもたらしている。

これからはさらに大勢の日本人がやってくる。移民相手の商売は拡大の一途。また、日本人の権利が保障される「国内」なだけに、他国で商売するような不利がない。それどころか、大多数を占める朝鮮人よりも優遇されて、すべてが有利に事が進む。野心のある者たちにとって、これほど希望にあふれる場所はないだろう。

その他の職種で働く内地出身者の賃金や待遇はどうか？　日本人向けの雑誌『朝鮮公論』には、明治時代末期の朝鮮半島における職種別平均月収を紹介する記事が載っていた。それによれば、大工の収入は月平均40円、この本では「下卑」とある小間使いの女中や下男の賃金は釜山が3～4円、京城では6～7円となっている。

日本人は朝鮮人の仕事を信用しない。職人に仕事を依頼するにも、同胞を好む傾向が強かった。内地出身の大工が少なかったこともあり、圧倒的な売り手市場となっている。そのぶん手間賃は高騰した。

当時の日本内地では大工の日当は1円というのが相場だが、朝鮮半島ではそれが1円50銭～1円60銭。朝鮮人大工の日当はその半額で、80銭も払えば雇えたという。それでも仕事は日本人大工のほうに殺到する。内地の倍は楽に稼げたとか。

また、鉄道敷設工事や建設現場で働く日本人労働者の日当は83～87銭、農家の手伝いは65

朝鮮における日本人と朝鮮人の賃金差　（単位：円）

	指物大工		左官		農夫人足	
年次	日本人	朝鮮人	日本人	朝鮮人	日本人	朝鮮人
明治43	1.57	0.8	1.6	0.66	0.65	0.33
明治44	1.57	0.79	1.58	0.68	0.8	0.42
大正元	1.57	0.79	1.61	0.79	0.77	0.39
大正2	1.57	0.79	1.56	0.78	0.77	0.38
大正3	1.5	0.74	1.55	0.72	0.71	0.4
大正4	1.47	0.71	1.55	0.72	0.66	0.38
（内地）	―		0.8		0.47	

	人足		下男		下女	
年次	日本人	朝鮮人	日本人	朝鮮人	日本人	朝鮮人
明治43	0.83	0.42	8.01	4.17	5.89	―
明治44	0.87	0.42	7.96	4.07	6.03	2.34
大正元	0.84	0.44	8.34	4.37	5.53	2.7
大正2	0.87	0.42	8.29	4.38	5.55	2
大正3	0.77	0.42	7.84	4.25	5.61	2.1
大正4	0.72	0.39	7.83	3.82	5.51	1.72
（内地）	0.56		4.6		2.95	

※（内地）は、日本国内の日本人労働者の賃金を示している。　（『鮮人労銀漸落』より）

銭、こちらも内地の同業種よりも賃金は5割ほど高くなる。

しかし、日露戦争後になると人足や農夫の仕事に従事する日本人は少なくなった。日本語のスキルがあまり必要のない仕事だけに、朝鮮人を使っても問題はない。そのほうが人件費も大幅に削減できる。

朝鮮人労働者の平均日当は42銭、農夫ならば33銭で雇うことができた。日本から船賃や支度金を払ってまで、割高な労働力を入れる必要はない。だが、すべてを朝鮮人に置き換えることはできない。朝鮮人労働者を監督・指導するために、若干名の内地出身者を現場に配置しておく必要があった。ここでも経営者が信頼するのは、意思の疎通がしやすい同胞である。

併合当初から時が過ぎた昭和初期の話になるが、咸鏡南道で日本窒素の工場が建設された時には、その本拠である熊本県水俣から各現場を監督する労働者を派遣している。彼らが水俣で貰っていた日給は1円60銭だったが、朝鮮半島の現場では特別手当が付いて日給は2円60銭に上がった。多くの者が護身用の仕込み杖（刀剣を内蔵した杖）を携帯していたというから、それには危険手当も含まれていたのだろう。

日本語スキルが必要な仕事になると、安い賃金で雇うわけにもいかない。女中や下男は住込みで家族とひとつ屋根の下に暮らすだけに、信用できる人物でなければならない。「同胞」であることは信用の拠りどころになる。そのため、女中の仕事も内地出身者を求める家は多かった。

当時の東京で住込み女中の平均賃金は月額2円96銭だったが、比較的日本人女性の多い釜山などの南部地域でもそれより賃金は少し割高になる。これが日本から遠く離れた半島北部や内陸地域になると6円以上に高騰する。南部地域の2倍の賃金を支払うことも、けして珍しくはなかった。

朝鮮人の女中であれば、どこの地域でも月額2円30銭というのが平均的なところ。しかし、その倍額を払っても同胞の内地出身者が求められた。

また、女中を数人も雇えるような富裕層では、内地出身者の女中に朝鮮人女中を管理指導させるようなこともしている。これは商店も同じ。顧客対応は日本人店員にまかせて、裏方の仕事には朝鮮人店員を使っていた。現代の正社員と非正規雇用のように、安い労働力を上手く使って人件費を削減しようというのだろう。

職場では年齢や経験に関係なく、内地出身者が指導的立場に立って朝鮮人に命令する。なかには横暴な輩もいる。

日本内地では庶民層の底辺で辛酸を嘗めてきた者も、朝鮮半島では「支配者の一員」としてふるまうことができる。これもまた、植民地から得られる旨味だろうか。

つい調子に乗って威張り散らす。優位性を誇示するためのマウンティングも執拗におこなう……差別や屈辱を受けてきた者は、自分よりも弱い立場の者に鬱憤をぶつけて、酷い仕打ちをしてしまうものだ。

満州に移住した朝鮮人にも「日本人」として現地の中国人に横暴な態度をとる者が多くいた。人種に関係なく、人間という生物に共通する悪しき性（さが）なのだろう。

娼婦の世界にも内鮮格差が生まれる

日清戦争前まで、朝鮮半島で暮らす日本人は男性が圧倒的に多かった。明治17（1884）年の在鮮住日本人4356人のうち、女性はわずか782人。その多くは単身赴任の日本人男性を相手にする酌婦や娼婦だったという。

その後、日清日露の戦役を経て日本の支配力が強化されるようになると、役人や企業駐在員は家族を伴って赴任するようになる。女性人口が増えて京城には婦人会などの女性組織もできた。

併合時の女性人口は7万8792人で、内地出身日本人の4割以上を占めるようになっていた。が、自然界の法則では男女比率が1対1になるものだ。同年の日本内地人口を見ても男性約2465万人、女性は約2453万人とほぼ1対1。これが正しい。朝鮮半島の日本人社会には男性が多過ぎた。

大正時代になってからもそれは変わらない。男性が女性よりも10～20％ほど多い状況がつづく。日中戦争が始まり徴兵される男性が増えると差は少し狭まるが、それでも男性が５％程度多かった。自然な状態にはならない。また、朝鮮半島には２個師団規模の朝鮮軍が駐留しているだけに、それを含めると内地出身日本人の男女比はさらに歪なものになってくる。

商売や就職など様々な理由から、併合後も海峡を渡りやってくる単身男性は多い。そういった地域には男たちの欲望を満足させる商売が発展するものだ。

明治30（１８９７）年には在留日本人が大韓帝国政府から許可を得て、京城の新町に遊郭ができあがる。この後、日本軍駐屯地のある郊外の龍山（ヨンサン）をはじめ、平壌、仁川、木浦など朝鮮半島の各地に内地出身者相手の歓楽街が形成されていった。

当時の歓楽街にいた酌婦や娼婦の大半は、日本内地からやって来た女性たち。明治43（１９１０）年の『朝鮮総督府年報』では、内地出身の芸娼妓酌婦が４０９３人いたと記録されている。それは朝鮮半島で働く内地出身女性のほぼ半数48・２％を占めていた。

日韓併合以前、朝鮮半島に渡った日本人娼婦のなかには日本内地よりも劣悪な環境で働かされる者も多かったという。

明治29（1896）年には移民保護法が公布され、娼妓の仕事を目的とする海外渡航には旅券発行が禁じられた。また、明治33（1900）年になると娼妓取締規則の制定により、18歳以下の女性は性風俗産業での就業は基本的に禁じられ、女性たちには娼婦を廃業する自由も認められるようになった。法律の抜け道は色々とあったが、娼館経営者など搾取する側には面倒なことが増える。

しかし、当時はまだ外国だった朝鮮半島には日本の法律が及ばない。また、移民保護法は朝鮮半島と中国には適用されず、女性の渡航もある程度は自由にできた。性風俗産業の進出を阻む障害が少ないうえに、日露戦争後は日本人男性の人口が急増している。ビジネスチャンスにあふれた地でもある。各地の開港場や鉄道工事の現場付近には、日本人経営の娼館が増えてきた。

大半は娼婦として働くことを覚悟して海峡を渡った女たちである。しかし、なかには口入れ屋に騙され仕事内容も知らず連れて来られた者や、誘拐されて無理やり連れて来られた者もいたという。下関や門司から釜山は近い。正規のルートで渡航させることのできない女性を、貨物船や漁船で密航させるのも容易だった。

朝鮮半島に渡ってしまえば、当時は日本人女性を保護する法律はなく、年齢に達していない未成年を娼婦として働かせても咎められることはない。

『からゆきさん』（森崎和江著／朝日新聞社）には、当時の日本人娼婦たちの状況が詳しく綴られている。

それによれば、日露戦争後、朝鮮各地の鉄道工事現場付近には必ず労働者相手の娼館があったという。工事現場が移動する時には、娼館も一緒に移動した。なにやら、日中戦争や太平洋戦争の頃の従軍慰安婦とよく似た感じがある。

工事現場には朝鮮人の労働者も多く、また、近在の村々からも日本人娼婦を目当てに男たちがやってきた。娼館は日本人客用と朝鮮人客用に区画が分かれていたが、朝鮮人客の相手をするのも日本人娼婦である。朝鮮人は日本に対する鬱憤が溜まっていた。彼らの目的は性欲を満足させることだけではなく、日本人娼婦を虐待して日頃の憂さ晴らしをしていたという。

日本内地出身者のなかには、内地で暮らした頃よりも惨めで悲惨な境遇に追いやられた者たちもいたということだ。また、『からゆきさん』に登場する娼館を切り盛りする人物は朝鮮名を名乗っていた。経営者なのか、雇われマネージャーなのかは分からないのだが。日本人少女たちを管理して売春を強要する者のなかに、朝鮮人がいたことに驚かされる。

搾取するのは日本人、搾取される弱者は朝鮮人。と、そんな単純な図式ではない。朝鮮人は一方的に搾取されるだけの弱者ではなかった。

支配される側という不利な立場ではあるのだが。それでも資金のある者や、機を見るに敏な者たちは、弱い者たちを踏台にして財を成すことができる。日本人がその踏台にされて、搾取や虐待に苦しめられることもある。稀な例だとは思うのだが……。

日本の支配力が強まるにつれて、そういった不幸な日本人娼婦の存在はさらに稀なものになってゆく。日韓併合後には公娼制度が確立され、娼婦たちは日本内地と同様に法律の保護下におかれるようになる。

大正期中盤には、京城の日本内地出身者は人口の25%以上を占めるほどに増えていた。多くの性風俗業者が内地から進出するようになり、日本人相手の歓楽街も形成される。

歓楽街では「朝鮮人お断り」という店も見かけるようになった。朝鮮人客を拒絶する日本人娼婦も多い。たとえ娼婦に身をやつしても「朝鮮人よりは上」と、そんなプライドが見てとれる。

『からゆきさん』で描かれた頃と比べて、日本人娼婦の立場は強くなり、収入や待遇面も格段に向上したようである。

定住志向の日本人が増える

あらゆる業種において、日本人は内地と比べて高い収入を得ることができる。朝鮮半島の物価は内地よりも3割ほど安かったというから、実際に手にする賃金よりもさらに高収入を得ている感覚だろう。

釜山で発行されていた経済雑誌『朝鮮之実業』に、併合から間もない頃の内地出身家族の生活実態を調査した「京城に於ける上中下の生活費調」という記事が載っている。収入別に「上」「中」「下」の3ランクに分けて、それぞれの食費や住居費、交際費、子供の貯金・玩具、煙草代など細かい項目に分けて調べてあるところが興味深い。

「中」のクラスは総督府に勤務する判任官の役人がモデルケース。ちなみに、警官や教師なども判任官待遇とされる。その月給は役職や在勤年数などにより40〜160円と幅がある。朝鮮半島勤務の公務員や企業駐在員には在勤手当や住宅手当などが加俸され、これらの手当を合計するとほぼ給与と同額になったというから、収入は日本内地勤務者の2倍。中間管理職では160〜200円といったところか。

そんな「中」レベルの家庭では、米代や副食、味噌醬油、菓子などを含めた1カ月の食費は27円。この他に家賃17円、衣服費5円、交際費3円、女中を1人雇っており、その給金に月々6円を支払っていた。すべて含めた1カ月の生活費は95円になる。その気になれば年間1000円以上の貯金をすることも可能だろう。

さて、これを日本内地のサラリーマン家庭と比較してみよう。大正時代のエリートサラリーマンの月収は100円程度といわれる。東京や大阪で3〜4人家族が1カ月に使う食費は32〜33円、朝鮮半島よりも2割ほど高い。東京市内に風呂付きの借家を借りると家賃は30円前後、少し郊外でも程度の良い物件は20円くらいか。

東京で暮らすには、収入の60％が家賃と食費に費やされる。これに子供教育費、交際費や衣服費まで含めると、大卒エリートといえども生活は楽ではない。

それが亭主の小遣いにも反映する。京城市街で暮らす中堅サラリーマンの小遣いは、煙草代を含めて平均10円以上を使うことができたという。内地だとその半分以下になる。喫茶店や酒場もまた京城のほうが安いだけに、フトコロ具合の差はさらに広がる。

京城で暮らす「下」クラスの大工や職人は、自宅での晩酌に毎月の酒代に4円を使っていたが、「中」クラスの勤め人だとこれが2円と少ない。それも小遣いに余裕があればこそ。家で晩酌しなくても、繁華街で頻繁に酒を飲むことができるということだ。京城・新町界隈のバーやカフェーでは、女給に気前よくチップを払うサラリーマンの姿がよく見かけられた

京城在住日本人家庭の階層別1カ月生活費

支出項目	上（8）	中（5）	小（2）
衣服費	1500	500	—
米代	1300	1000	450
副食物代	3000	1100	500
茶味噌醤油	1000	400	250
菓子牛乳代	700	300	200
家賃	3500	1700	550
薪炭油代	600	400	150
雑費（家具費）	500	300	120
交際費	1500	300	—
酒代	500	200	400
煙草代	500	250	200
新聞雑誌代	300	150	35
主人小遣い書物代	3500	800	—
奥様貯金小遣い	2000	—	—
子供貯金玩具	1800（3）	200（2）	—
子供通学費	200（1）	—	—
諸雑費交通費	1500	—	—
臨時費（医薬料）	500	300	35
主人保険料	1000	—	—
筆紙墨郵便電報料	500	—	50
水道料	—	—	50
貯金	5000	1000	1000
下女	1400（2）	600（1）	—
朝鮮人	700（1）	—	—
計	33000	9500	3990

※表のかっこ内の数字は人数を表す。（単位：銭）

（「京城に於ける上中下の生活費調」『実業 81号』より）

という。

併合直後の頃は25万人だった京城の人口も、昭和17（1942）年には111万4004人に増加した。日本内地の大都市に匹敵する規模に発展している。その3割近くを占める日本内地出身者には、住宅購入を考える者が年々増えてくる。郊外では日本人向けの大規模な住宅地が次々に開発されていた。

現在でも赴任先の地方都市に家を購入し、定年後はそこで定住しようという者は多い。戦前の朝鮮半島で暮らしたサラリーマンたちも、そんな感覚なのだろう。当時は「国内」なだけに……。

1930年代に東京郊外の私鉄沿線で住宅を購入すれば、敷地70坪程度の平均的な住宅で6000~7000円。少し豪華なものなら1万円以上はかかる。併合後の京城では地価の高騰がつづいていたが、それでも東京や大阪と比べれば割安感があった。100坪の敷地にそれなりに豪華な家が6000円程度で建てられたという。

日本内地の2倍の給料を貰っている裕福なサラリーマンなら、数年で住宅購入資金を貯めることは可能だ。「一国一城の主」となるのが男子生涯の夢だが、朝鮮半島ではその夢がいとも簡単に叶ってしまう。

植民地・朝鮮半島で暮らす日本内地出身者は、大多数を占める朝鮮人よりも賃金などあらゆる面で優遇された。宗主国からの入植者という立場を上手く使って巨額の財を成す者もいる。また、日本では庶民層の底辺にいた者も「支配者」の一員として、少々の横暴な振る舞いが許された。

あらゆる階層の日本人が、内地で暮らしていた頃よりも恵まれた状況にあったはず。朝鮮半島の経営は赤字だったとしても、個々の日本人のなかには植民地からの利益を得ていた者が、それなりの数いたということだ。

20世紀も後半になると、世界中で多くの植民地が独立するようになる。太平洋戦争の敗戦がなかったとしても、日本が朝鮮半島の植民地支配をしつづけることは難しかっただろう。だが、それには良い終わり方と、悪い終わり方というものがある。

植民地側と話し合い平和裏に独立を承認するという過程を踏んでいれば、宗主国側は自国権益と植民者たちの財産を守るために粘り強い交渉をする。他国の例を見ても、宗主国側の主張の多くは認められていた。独立後も旧宗主国によって経済的支配された国も多い。支配していた側からすれば、それが最良の終わり方である。

しかし、日本の朝鮮半島支配の終焉は突然だった。戦勝国から植民地・朝鮮半島の放棄を命じられて、交渉の余地はない。70万人の日本内地出身者たちは、財産を置き去りに着の身着のままで朝鮮半島を追いだされた。終わり方としては最悪である。

植民地・朝鮮半島に入植移住した日本人は、それまで蓄えた財産や購入した土地をすべて奪われてしまう。植民地の旨味を味わい尽くしていた者たちは、その終焉によって最大の苦痛を味わう被害者となってしまった。

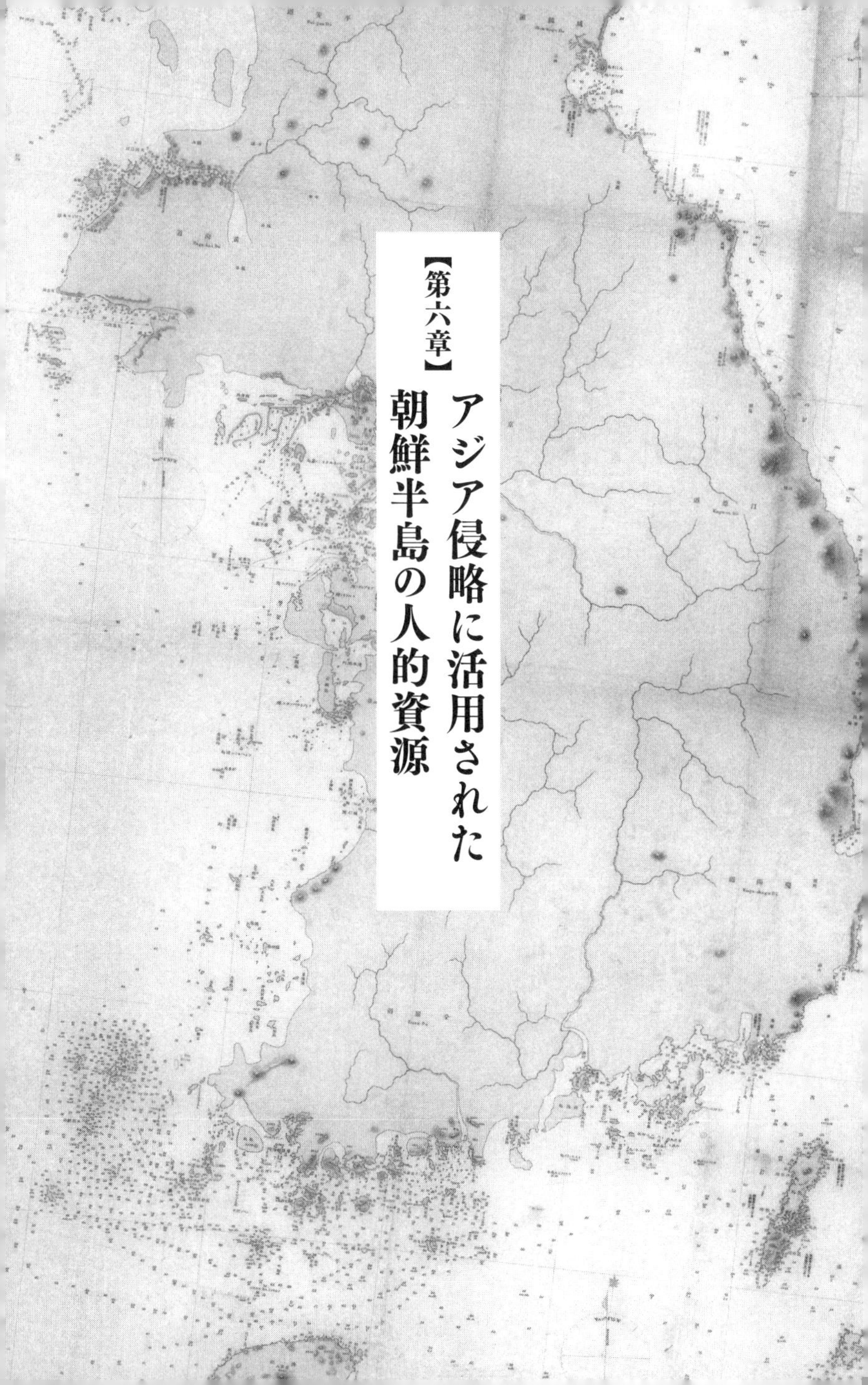

【第六章】

アジア侵略に活用された朝鮮半島の人的資源

朝鮮半島の性産業の実態

日本人は、近代文明とともに性風俗産業を朝鮮半島に持ち込んだ。それ以前の時代にも、朝鮮半島には性奉仕を生業とする女たちは存在する。李王朝の宮廷内には宴で芸を披露し、性奉仕をおこなう奴婢(ぬひ)身分の「妓生(キーセン)」と呼ばれる身分の女性たちがいた。

妓生は宮中で雇われた官妓だったが、近世になると制度が廃止されて生計の道を絶たれる。そのため自宅に客を招いて商売するようになった。が、それは一部の金持ちや貴族階級のためのもの。庶民や事情を知らない外国人には手が出ない。

単身で海峡を渡った日本人男性は、遊ぶ場所を探すのに苦労する。李氏朝鮮や大韓帝国では、一般女性が売春行為をおこなうことを厳しく禁じていた。日本とは違って、大きな都市にも歓楽街や娼館はない。

明治10（1877年）年には、飢饉の発生により多くの流民が発生した。釜山の日本人居留区の付近にも、物乞いにやって来る飢えた人々の姿が目についたという。食糧を得るため

正装した妓生

居留地の日本人男性に体を売る女性もいた。

その噂を聞きつけた朝鮮の官憲が摘発をおこなって5人の女性を捕縛。国法を犯したとして、彼女らは死罪を宣告されてしまう。仰向けのまま四肢を縛られて斬首されるという残虐なものだ。しかも、公開処刑でそれを人々に見せつける。恐怖を植え付けることで人々を服従させるのは、前近代的な専制国家の常套手段だ。

戦前の日本でも飢饉がつづけば、娘を遊郭に売るという悲劇が繰り返されていた。現代の感覚では人道的に許されることではないのだが、福祉が充実していなかった時代である。貧民が生き残るためには止むに止まれぬ最終手段だった。

大韓帝国は残虐な公開処刑で脅しながら、貧民たちにその手段を取らせないようにしていた。儒教は女性に厳しい貞操観念を求める宗教。飢えた人々の事情やその生死よりも、国教の教えを守ることを優先した。

しかし、日本が朝鮮半島を支配するようになると、日本人は居留地に娼館や遊郭を建てることを認めさせた。やがて、そこで働く朝鮮人女性も現れる。儒教の狂信者たちは嘆き悲しみ、この状況をつくりだした日本を恨むようになる。日本人がやって来なければ、朝鮮人女性の貞操が汚されることはなかったはずだ、と。

併合後、朝鮮総督府警察は私娼を取締るようになった。風紀の乱れや性病の蔓延を予防するため、娼館を指定地域にまとめて管理を厳重にする方針を打ちだす。「貸座敷娼妓取締規則」を制定して、朝鮮半島にも公娼制度が導入された。これによって娼館で働く女性の年齢は17歳以上に制限され、廃娼の自由も認められる。日本内地の公娼制度と同様、抜け道が多々ある法律だった。が、性風俗に従事する女性たちは法の保護下におかれるようになる。

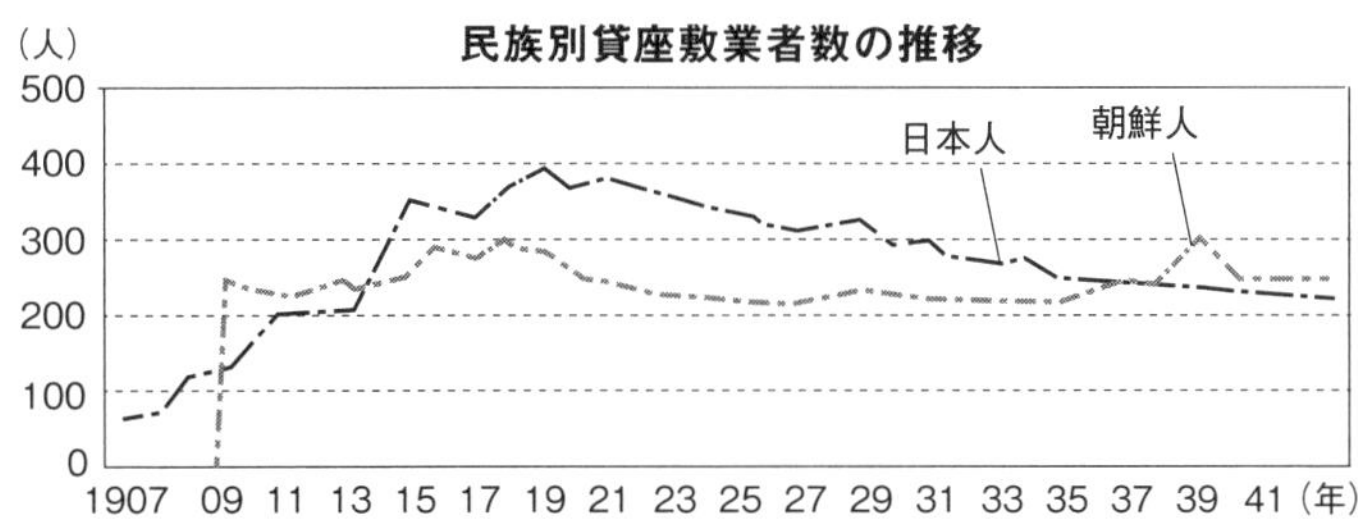

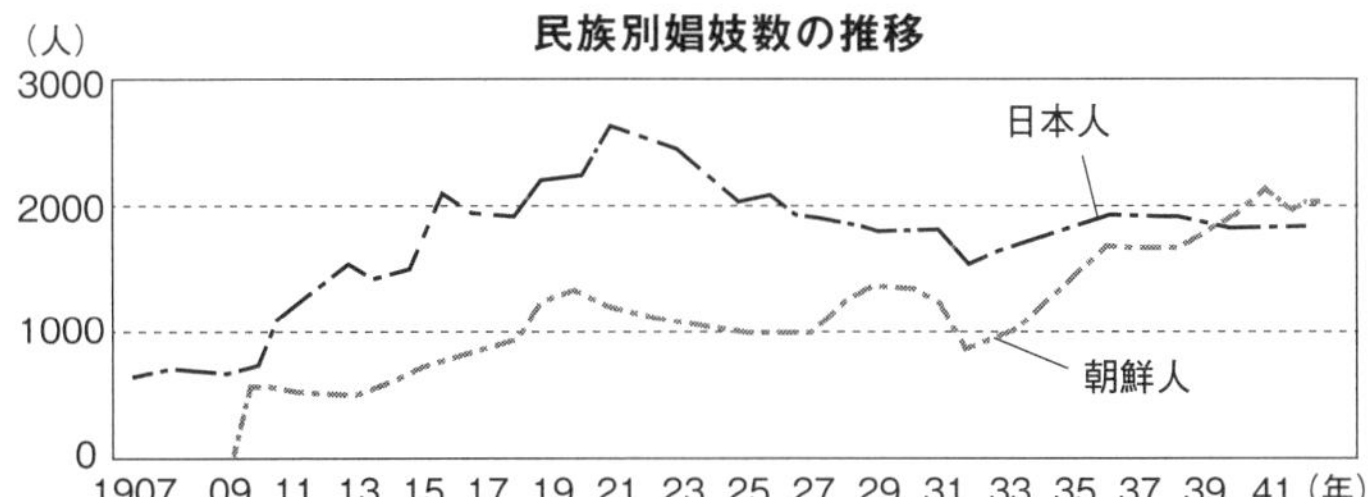

※『統監府統計年報』『朝鮮総督府統計年報』各年度版などを参考に作成。

公娼制度は朝鮮人女性にも適用された。大正８（１９１９）年になると、総督府警察が把握するだけでも朝鮮人娼婦の数は１０００人を超えている。公娼のほぼ３割が朝鮮人女性だった。その後も数は増えつづけ、１９３０年代中盤にはついに日本内地出身者を上回るようになった。

当局が把握してない私娼まで含めると、その数はさらに多くなる。実際のところ、公娼よりも私娼のほうが数は多かったといわれる。ちなみに、昭和６（１９３１）年の『東亜日報』の記事によれば、朝鮮人の娼妓および酌婦の数は９４３７人で、大正時代末期よりも2000人以上増えたと書いてある。

第一次世界大戦後の不景気で、一般の飲食店や商店の廃業が増え雇用状況が悪化している。生きてゆくため背に腹かえられず、苦界に身を投じる女性も多かった。

また「貸座敷業者」として登録される娼館の経営者にも、朝鮮人業者の新規参入が目立つようになってきた。日韓併合以前の明治42（1909）年には200人を突破して、日本人業者と拮抗する数に。日中戦争が始まった昭和12（1937）年頃には、こちらも朝鮮人経営者が多数を占めるようになる。

一般民衆の売買春が厳しく禁じられていた朝鮮半島に、日本人植民者はなし崩しに日本式の性風俗産業を持ち込んだ。併合後はそれが合法化され、都市部では歓楽街が大発展。朝鮮人たちも、そこにビジネスチャンスを感じて娼館経営に乗りだす。性風俗は大衆化され、多くの雇用を生みだすひとつの産業に発展した。

体を売る自由を得た女性たちが、性風俗産業に仕事を求めてやってくる。日本内地の寒村と同様で、親に売られる娘もまた多かった。悪い輩に騙されて娼館に売り飛ばされる女性もいただろう。たとえ自らの意志で娼婦になったとしても、それで幸福を得られる者は稀だったとは思う。だが、一切の援助を与えることなく、純潔を守ることだけを強要する大韓帝国時代と比べて、どちらがマシだろうか？

京城の新町遊廓で日本人娼婦を相手に遊んだ場合は6〜7円が相場だったが、朝鮮人経営の娼館の朝鮮人娼婦なら3円も払えば充分だったという。娼婦の仕事もまた、日本人と朝鮮人では収入に大きな格差が存在していたようだ。

客から受け取る報酬は、日本人娼婦の半分にしかならない。また、その報酬の半分以上は娼館主の取り分となり、さらに様々な理由をつけて娼婦たちは金をむしり取られる。彼女らは２００〜３００円の前借金を背負わされているから、それも返済せねばならない。要領が悪い新人の頃は、休みなく働かされて月収1円以下ということも珍しくなかったという。

業界の事情に疎い新人はいいように搾取される。この世界で金を稼ぐには、それを上手く回避する術を身につけなくてはならない。また、客の8割が日本人男性だけに日本語能力も必須。気前よくチップをくれる上客を確保する必要がある。

経験を積んでこれらのスキルが身につけば、高収入を得ることは充分に可能だった。大正末期から昭和初期頃、娼館で働く朝鮮人女性たちの平均月収は50〜60円。年収が１０００円を超える売れっ子もいたというから、上手くやれば高級官吏なみの収入を得ることができる。すべては運と才覚しだい。

しかし、衛生管理が不徹底なこともあり、性病に感染する危険は多分にある。売れっ子になればなるほど、そのリスクはさらに高くなる。約半数の女性が何らかの性病を患った経験があったという。抗生物質のない時代、梅毒に感染して症状が悪化すれば死ぬ。蔑まれて尊厳を傷つけられるだけではなく、命がけのハイリスクな仕事だった。

そんな仕事でも「ないよりマシ」といった状況に追い詰められた女性がいる。また、大韓帝国時代の朝鮮人女性は、自立の道が完全に閉ざされていた。これも儒教の影響による「男は外、女は内」という考えが強く影響したものだ。

女が外に出て働くというのはまず考えられない。娘が年頃になれば結婚して家庭に入り、夫の家業を手伝い家事や子育てをして暮らす。女性が就ける仕事がないだけに、親や夫の庇護なしにひとりで生きることは不可能だった。

性風俗産業の発展により、女性が収入を得るための道がひとつできたことは間違いない。けして足を踏み入れたくない、泥濘で泥だらけになりそうな悪路。危険も多々ある険しい道ではあるのだが……。

養蚕工場で働く朝鮮人女工（『朝鮮之風光』）

女性たちに自立の道が開かれる

日韓併合後は二次産業や三次産業が急速に発展する。そこには女性が働ける〝普通〟の仕事も生まれた。繊維産業は朝鮮半島の主要産業になりつつあり、都市部やその近隣には紡績工場が建てられるようになった。女工の募集が常におこなわれている。

女工として働く女性の大半は、田舎の小作人の娘だった。貧農は春先になると備蓄食糧を食い尽くして飢えるのが常。その負担を軽減するための口減らしに、年端もいかない娘たちが都会に出て働いた。毎年春先になると、斡旋業者が女工を募集して村々をまわって来たという。

大正時代末期から昭和初期頃、見習い女工の日給は40～50銭。仕事に慣れてくると1円程度にまで昇給する。月収は熟練工でも20～25円といったところ。そこから寮費や食費を引かれると、手元に残るのは10円程度だろうか。

娼婦ほどには稼げない。ギリギリの生活だが、なんとか食べてはゆける。女性が家を出て自活できる。大韓帝国時代には考えられないことだった。

高学歴女性の場合はさらに選択肢は増える。大正11（1922）年に第二次朝鮮教育令が公布されて、女子高等普通学校の修業年限は日本内地の高等女学校と同じ5年間になった。都市部の余裕がある層は、娘を女学校に通わせるようになる。

女学校卒の経歴があれば、教員や電話交換手、デパートの販売員やエレベーターガール、企業のタイピストなど、女性たちが憧れた仕事に就くことができた。アフターファイブともなれば流行の洋装で着飾ったモダンガールたちが、続々とオフィスから出てきて京城市街の通りをそぞろ歩く。銀座通りと見間違うような眺めが見られたという。

オフィスで働く高学歴女性の月給は、大正末期頃の水準で30～50円。8時間労働で週休

在日朝鮮人の推移

（単位：人）

	在日朝鮮人
明治44年（1911）	2,527
大正1年（1912）	3,171
2年（1913）	3,635
3年（1914）	3,542
4年（1915）	3,917
5年（1916）	5,624
6年（1917）	14,502
7年（1918）	22,411
8年（1919）	26,605
9年（1920）	30,189
10年（1921）	38,651
11年（1922）	59,722
12年（1923）	80,415
13円（1924）	118,152
14年（1925）	129,870
15年（1926）	143,798
昭和2年（1927）	165,286
3年（1928）	238,102
昭和4年（1929）	275,206
5年（1930）	298,091
6年（1931）	311,247
7年（1932）	390,543
8年（1933）	456,217
9年（1934）	537,695
10年（1935）	625,678
11年（1936）	690,501
12年（1937）	735,689
13年（1938）	799,878
14年（1939）	961,591
15年（1940）	1,190,444
16年（1941）	1,469,230
17年（1942）	1,625,054
18年（1943）	1,882,456
19年（1944）	1,936,843

（森田芳夫「在日朝鮮人処遇の推移と現状」より）

1日、月給の4カ月分に相当するボーナスも支給される。何の保障もない日給制で毎日12～13時間も休みなく働かされる女工と比べれば、かなり恵まれている。それでも、お洒落に金を使うのはちょっと厳しい。

そのため高収入を求めてカフェーの女給などに転職する女性も多かった。日本内地とは違って、京城のカフェーで働く女給には女学校卒の高学歴が多い。

客の多くが日本人なだけに、日本語で日常会話ぐらいできなくては仕事にならない。高度な日本語能力を習得した高学歴女性なら、話も弾んで客は上機嫌。女給たちの収入はそのチップが主になるのだが、80円以上の月収を得るのはさほど難しくなかったという。

また、仕事を求めて日本内地へ渡る女性たちもいる。併合以前、日本内地の朝鮮人労働者は1000人に満たなかったが、併合後は増加をつづけて昭和初期には40万人を突破していた。そのうち10％が女性労働者である。都市部ではその割合が高くなる。紡績工場が集中する大阪では、朝鮮人労働者の約50％が女性だった。

大正13（1924）年に内務省社会局がまとめた「朝鮮人労働者に関する状況」によると、大阪府内の紡績工場に勤務する朝鮮人女工の日給は65銭～1円50銭、朝鮮半島の工場よりは賃金が高い。しかし、同じ仕事に就いている内地出身女性の日給は、新人で90銭からスタートする。ここでもあきらかな格差がある。男性労働者の場合も同様で、内地出身者よりも日給は平均50銭ほど安かったという。

企業の側からすれば、それが朝鮮人労働者を雇うメリット。工員の仕事に高度な日本語能力は必要ない。必要最小限の日本語を覚えて指示を理解できるようになれば、日本人工員と

朝鮮人労働者の就業構成（全国、1930年）

大分類	人数	小分類	人数
農業	20,058（7.7%）	作男、作女	8,661
		その他農業労務者	4,027
		炭焼夫	2,001
水産業	1,444（0.6%）		
鉱業	16,304（6.3%）	採炭夫	7,681
		石切出夫	1,750
		土砂採取夫	3,551
工業	138,144（53.1%）	硝子成型工、加工工	2,476
		硝子吹工	1,007
		ゴム成型工	2,887
		錦糸工	3,715
		機織工	2,620
		染白工、捺染工	3,768
		裁断工、裁縫工	3,313
土木建築業	63,770（24.5%）	土工	58,458
商業	26,848（10.3%）	物品販売業種	3,323
		店員売子	5,119
		露天商人、行商人、卸売商人	7,639
		旅館、下宿屋、料理店給仕	1,975
		浴場業主、使用人	1,971
交通業	20,985（7.7%）	自動車運転手	2,120
		仲士、荷扱夫、運搬夫	10,805
公務自由業	1,465（0.6%）		
家事使用人	3,368（1.3%）	家事使用人	2,189
その他有業者	31,372（7.5%）	掃除夫雑役夫	1,928
		日雇	8,708
計	259,998（100%）		19,125
無業	159,011		
合計	419,009		

（「国勢調査報告　昭和５年」より）

の能力差はなくなる。

それなのに労働者１人あたりの人件費は、月額にして10円は削減できるのだ。年間だと１２０円以上。雇う側の企業にとっては〝金の卵〟ともいうべき存在だろう。

日本内地で働く朝鮮人が40万人とすれば、年間５０００万円近い人件費を節約できた計算になる。現代の貨幣価値で換算して約１０００億円。植民地からもたらされる安い労働力は、日本の産業界にとっては大きな恩恵だった。

朝鮮人の側からしても、朝鮮半島よりも30〜50%高い賃金に魅力を感じていたはず。大阪への定期航路が就航していた済州島（チェジュトウ）では、昭和初期頃になると島内人口の25%が日本に流出する出稼ぎブームが巻き起こっていた。

稼いだ金を送金して両親に楽をさせよう、貯金して故郷に家を建てよう。などと、若者たちは夢を抱いて日本内地に渡る。バブル期の日本へ出稼ぎにやってきた東南アジアの人々とよく似た心理だったと思う。

しかし、現実はそう甘くはない。朝鮮半島より物価の高い日本で金を貯めるには、日々の生活で倹約を強いられる。貧しい食事と劣悪な住環境に耐えながら、過酷な長時間労働の

朝鮮人と内地人の賃金比較（1923年） （単位:円）

	朝鮮人（A）			内地人（B）			A/B
	最高	普通	最低	最高	普通	最低	
農作夫	1.70	1.60	1.20	2.20	2.00	2.00	80%
農作婦	0.90	0.85	0.85	1.20	1.20	1.20	71%
洗濯婦	1.90	1.80	1.00	2.70	2.00	1.00	90%
色染工	1.90	1.20	0.80	2.80	2.10	0.90	57%
メリヤス工	1.90	1.30	1.00	3.00	2.20	1.50	59%
紡績工	2.00	1.20	0.90	2.80	1.70	1.00	70%
硝子工	3.00	1.20	0.90	3.50	1.60	1.10	75%
仲士	2.50	2.00	1.70	3.00	2.50	2.00	80%
人夫	1.70	1.70	1.00	2.00	1.90	1.80	89%
土方	2.50	2.00	1.70	2.80	2.50	2.00	85%
抗夫	2.50	2.10	1.60	3.00	2.50	1.80	84%

（大阪市社会部「朝鮮人労働者問題　1925年」より）

日々がつづく。同じ職場で働く日本人からは差別され屈辱を味わうことになる。それも我慢せねばならないのだが……耐え切れずに仕事を辞めてしまう者もまた多い。

朝鮮人労働者は男女ともに、日本人に比べて勤続年数が短かった。定着率はしだいに悪化し、企業の悩みの種になっていたという。が、それも低賃金の過酷な労働条件が原因のひとつ。企業側にも責任はある。

この頃には日本の都市部に朝鮮人社会が形成されていた。日本人経営の酒場や娼館だと、朝鮮人の客は何かと差別をうける。楽しめる雰囲気ではない。内地に暮らす朝鮮人が安らぎ心癒せる場所は、同族たちの経営する娼館や朝鮮料理屋だった。内地の朝鮮人口が増えれば同族経営の店も増えて雇用が生まれる。工場を辞めた者の受け皿になる。それが朝鮮人の離職を助長していたのかもしれない。

女工の仕事を辞めて、そういった場所で働く女性も多かったという。また、同じように工場の仕事を辞めた男たちが、女性たちに仕事を紹介する斡旋業者に転職することもある。

戦争の時代に入ると朝鮮人の賃金は上昇した

日中戦争が始まって日本人男性が徴兵されるようになると、日本内地で不足する労働力を補うために、朝鮮半島の人的資源を活用しようという動きが加速する。

昭和13（1938）年には朝鮮人の渡航制限が解除され、さらに多くの朝鮮人が職を求めて内地へ渡るようになってきた。内務省警保局が把握していた日本内地在住朝鮮人の人口は、昭和13年の時点で73万5689人。翌年にはそれが96万1591人となり、太平洋戦争開戦の昭和16（1941）年には146万9230人に増えている。

昭和14（1939）年には、戦争遂行のための労働力を強制的に徴用できる国民徴用令が発布された。この法は昭和19（1944）年8月まで朝鮮半島では適用されなかったのだが、その間にも日本内地の朝鮮人人口は増えつづけ100万人を突破していた。

国民徴用令が適用される以前の内地への渡航は、あくまで本人の自由意志によるもの。日韓の間で政治問題となっている「強制動員」があったとすれば、朝鮮半島に国民徴用令が適用されてから終戦にかけて増えた分の約17万人だけ。最大限に見積もってもこの数字を超えることはない、と。現在の日本ではこの考えが大勢を占めている。

だが、これに関しては鵜呑みにはできないところがある。たしかに昭和14年の時点で、国民徴用令は朝鮮半島では適用されていない。だが、朝鮮総督府では独自に動員計画を策定して、労働者を募集して日本内地へ送り込んでいた。その募集方法に問題がある。

賃金の高い日本内地での就職を望む者は多い。しかし、仕事内容を選ぶことができず、何をさせられるか分からない総督府の募集に応募するよりは、縁者を頼って仕事を紹介してもらったほうが安心だろう。

そのため総督府の募集には人が集まらない。各地の村役場などに動員人数が割当てられていたのだが、どこでもそれを集めるのに苦労した。地元の有力者や警察を使った強引な手法で人を集めることもあったという。

朝鮮総督府で総督秘書や政策顧問を務めた鎌田沢一郎の著書『朝鮮は起ち上がる』（千倉書房）には、

「納得の上で応募させていたので、その予定数に仲々達しない。そこで郡とか面（注：朝鮮の行政単位）とかの労務係が深夜や早朝暁、突然男子のある家の寝込みを襲い、或いは田畑で働いている最中に、トラックを廻して何げなくそれに乗せ」

と、書かれた箇所がみつかる。若者を拉致して強制的に日本内地へ送り込む。非合法組織がやりそうな事を、役場が公務としてやっていたのだ。

総督府が命じたわけではなく、上司の顔色をうかがう朝鮮人の下級役人が先走ってやらかしたスタンドプレーだ……と、言い訳めいたことも述べているのだが。しかし、それを咎めることなくスルーした日本人上司も同罪だろう。国民徴用令が適用される以前から、強制的に動員された人々もいたということだ。

現代の韓国で使われる高等学校の韓国史教科書には「70万人の朝鮮人が強制的に日本に連

朝鮮半島外への労務動員（行先別）　（単位：人）

年度	当初計画数	動員数				
		石炭山	金属山	土建	工場他	合計
1939	85,000	34,659	5,787	12,674	−	53,120
1940	97,300	38,176	9,081	9,249	2,892	59,398
1941	100,000	39,819	9,416	10,965	6,898	67,098
1942	130,000	77,993	7,632	18,929	15,167	119,721
1943	155,000	68,317	13,763	31,615	14,601	128,296
1944	290,000	82,859	21,442	24,376	57,755	286,432
1945	50,000	797	229	836	8,760	10,622
	907,300	342,620	67,350	108,644	206,073	724,687

（出典：大蔵省在外調査局の統計資料）

行された」と書いてある。

朝鮮人労働者に関する日本政府の調査資料では、国民徴用令が朝鮮半島に適用された昭和19（1944）年9月以降から終戦までに約20万人の朝鮮人が動員され、それ以前の総督府による集団募集や斡旋によって約47万人の朝鮮人が日本内地に渡航したとある。合計すれば韓国の教科書にある「70万人」に近い数字になる。

国民徴用令が適用される以前の募集や官斡旋にも、その実情は「強制」だったものは確かにあっただろう。しかし、自由意志で日本内地に渡った者と強制された者を分ける資料は存在しない。また、昭和19年以降にも、自ら望んで徴用に応じた者もいたはずだ。

70万人が強制動員されたという数字に根拠はな

い。こちらもまた鵜呑みにはできない話である。

太平洋戦争末期の日本内地では、健康な若者が根こそぎ徴兵されて戦地に送られていた。そのため男手が必要な各地の鉱山では、中国兵の捕虜を強制労働させねばならぬほど労働力が不足する。多くの朝鮮人徴用工がそういった現場に送られた。労働は過酷で危険だった。しかし、その雇用条件には魅力もある。

太平洋戦争が始まると、日本人と朝鮮人の賃金格差はなくなり、同一賃金が支払われるようになった。九州の炭鉱で働く鉱夫には月平均で150〜180円の賃金が支払われていた。能力給が採用され、成績の良い者は200円以上の月収を貰っていたという。

当時、日本人の大卒のエリートでも初任給70〜90円。その2倍以上にもなる高収入を得ることが可能だった。

労働力不足の日本内地では、頑強な朝鮮人の若者が多くの職場で求められた。それだけに賃金のほうも上昇する。「70万人」のなかには、強制的に動員された者だけではなく、高収入に誘われて渡航した者もかなりの数いたはず。

日本軍は慰安婦募集にどこまで関与したのか？

強制されたのか、それとも、自らの意志だったのか？　いわゆる「従軍慰安婦」についてもそれが日韓の間で度々論争になる。

日中戦争で日本軍が中国各地に展開するようになると、兵士による強姦事件が頻発するようになった。これを憂慮した軍は昭和12（１９３７）年9月に「野戦酒保規程」を改正して、駐屯地に慰安施設を設置することを決定する。慰安所の経営は民間業者によっておこなわれ、慰安婦を集めてそこに送り込むのもまた民間の斡旋業者の仕事だった。

しかし、慰安所を管轄して指導したのは軍の兵站部（へいたんぶ）であり、軍医や衛生兵の手によって性病検査なども実施していた。また、慰安婦を集める斡旋業者や慰安所の経営者の選定にも軍がかかわっているだけに、軍の関与がなかったとはいえない。

それで日本軍が関与して戦場に連れて行かれた慰安婦は、どれくらいの数になるのだろうか？　現代の韓国では「朝鮮人慰安婦は20万人」というのが定説として語られているのだが。これも根拠となる資料は存在しない。

慰安婦の総数や民族構成を示す公式記録は存在しないが、当時の日本軍は「兵員70人に対して1人の酌婦を要する」という必要人数を定めている。

戦線が最大に広がった昭和18（1943）年には、約3000万人の日本軍兵力が外地の戦場に展開していた。つまり、軍が求めた慰安婦は約4万3000人ということになる。太平洋戦争の頃には、兵士150人に対して慰安婦1人というのが実態だったといわれている。こちらの説を取るなら約2万人だ。

また、慰安婦の募集は日本内地や台湾などでもおこなわれている。なかでも最も多かったのは内地出身女性だった。


昭和58（1983）年に『私の戦争犯罪　朝鮮人強制連行』（三一書房）を著した吉田清治氏の証言が、朝日新聞の記事に掲載された。朝鮮半島駐留の日本軍が村々を襲って、若い娘を拉致して慰安婦にしたというショッキングな内容。吉田氏の著書は韓国語版が出版され韓国でも話題になる。この後、元慰安婦たちが次々に名乗りでてくる。

軍が部隊を動員して強制連行をするようなことを本当にやったのか？　日韓双方で幾度もその証拠探しがおこなわれた。また、終戦時には連合国軍もこの件について調査をしている。しかし、確かな証拠となる資料は一切見つからない。

昭和19（1944）年、ビルマで米軍の尋問を受ける日本軍の従軍慰安婦

当初から吉田証言の信憑性を疑う意見は多かった。これを報道した朝日新聞でも、平成26（2014）年には記事を取り消している。

軍による強制連行の証拠が見つからない一方で、民間業者が慰安婦募集に動いていた証拠は大量に発見されている。とすれば、慰安婦募集に軍は直接関与せず、すべては委託された民間の斡旋業者がおこなった。そう考えるのが自然だろう。

昭和13（1938）年には『軍慰安所従業婦等募集ニ関スル件』として、陸軍省から中国派遣軍司令官に通達がされている。その内容が興味深い。要約すると、

「慰安婦の募集にあたる業者のなかには、誘

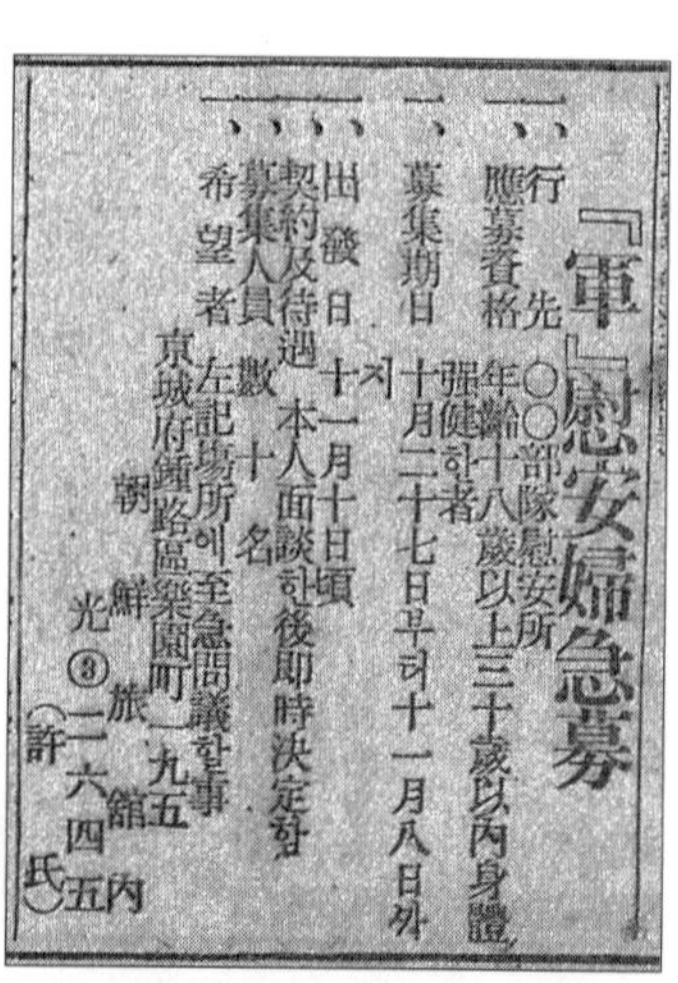
『軍』慰安婦急募
一、行先　○○部隊慰安所
一、應募資格　年齡十八歲以上三十歲以內身體強健한者
一、募集期日　十月二十七日부터十一月八日까지
一、出發日　十一月十日頃
一、契約及待遇　本人面談한後卽時決定함
一、募集人員　數十名
一、希望者　左記場所에至急問議할事
京城府鍾路區樂園町一九五
朝鮮旅館內
光③二六四五
許氏

慰安婦募集の広告。年齢は18～30歳まで。募集人員は数十名だとある。

拐に類するようなことをして警察に検挙された者がいる。将来これらの募集にあたって、派遣軍はより慎重に業者を選定するべし。また、募集の実施にあたっては関係地方の憲兵や警察当局と連携を密にせよ」

と、いうことである。

　軍から委託された業者のなかには、女性を誘拐するなどの非合法な手段を用いる悪徳業者がいたようだが。それをやられては「軍の威信が傷つく」として、業者への監視を厳しくしたようだ。

　慰安婦を集めるのに使われた業者の大半は、遊郭や娼館に女性を斡旋していた者たちだった。昔から非合法な手口を使うゴロツキのような輩は多い。昭和8（1933）年には、少女を誘拐しては娼館に売り飛ばしていた朝鮮人の誘拐集団が検挙され、新聞に大きく報道されたこともある。『朝鮮総督府統計年報』によれば、その年に略取誘拐罪で朝鮮人1699人、内地日本人10人が逮捕されている。

令和3（2021）年には、ハーバード大学のジョン・マーク・ラムザイヤー教授の論文『太平洋戦争における性契約』が話題になった。慰安婦は性奴隷ではなく、売春の延長線上でとらえるべきだったと同教授は考える。その調査によれば、業者と慰安婦の間ではきちんと契約が交わされていたという。大半の女性たちが契約内容に納得して慰安所で働くことを決意していた。

危険な戦地の仕事ということで、町中の娼館で働くよりも契約条件はかなり良い。街中の娼館では、娼婦は売上げの50%以上を経営者に取られる。しかし、慰安所では経営者の取り分は30～40%と、娼婦側に優位な契約が結ばれるのが常だった。

兵士は近隣の町で遊ぶことを禁じられ、性の欲求を満たす場所は指定された慰安所に限られる。駐屯地の兵舎に居住する大勢の兵士を、慰安所の娼婦たちが独占

(四) 昭和十四年八月三十一日

惡德紹介業者가跋扈

農村婦女子들誘拐

被害女性이百名을突破한다

釜山刑事奉天에急行

慶北初等教員에게

女性を誘拐する悪徳業者への注意喚起を促す新聞記事（「東亜日報」1939年8月31日）

した。当時、日本内地や朝鮮半島の娼館で、娼婦が1日に相手する客は平均2・5人といわれている。それが戦地の慰安所になると1日に10～20人相手することもざらにある。かなりハードだが、それに見合った稼ぎが保証されていた。

また、斡旋業者たちは女性に高額の前借金をさせて、その額に応じた契約期間（年季）を設定する。その期間は身柄を娼館に縛られて娼婦として働きつづけねばならない。従軍慰安婦の場合も同様のやり方で、女性に借金を背負わせて年季を決めていた。しかし、これも国内の娼婦と比べるとかなり女性側に有利なものだった。国内の娼館の年季は3～6年、戦場の慰安所だとそれが2年になる。最前線の地にある慰安所では半年～1年とさらに短縮されたという。

国内の娼館では前借金をすべて返済しない限りは、たとえ年季が明けても仕事をやめることはできない。ところが、慰安所では前借金がまだ残っていても、年季が満了すれば自由の身になれたという。

当時は貧困家庭の娘が身売りさせられる話は珍しくなかった。どうせ娼婦に身を落とすのなら、少々の危険とハードワークは承知の上で、手っ取り早く稼げる戦地の慰安所へ行こうと考える。それもまた、さほど珍しいことではなかったように思える。

戦後に禍根を残す悪手を打ってしまったか!?

慰安所の客である「日本兵」のなかには朝鮮人もいる。朝鮮人兵士が慰安所の客となることもあっただろう。女を買う男は加害者、買われた女は被害者ということになるのなら、そのどちらにも日本人と朝鮮人がいたということだ。

陸軍特別志願兵制度に応募した朝鮮人の数は、昭和18（1943）年までの累計で80万人を超えている。そのなかで兵として適格と認められた者は22万4892人にもなったが、日中戦争頃の定員は1000人に満たず。太平洋戦争が始まって少しずつ増員されたが、それでも昭和18（1943）年時点の定員は6000人である。実際に入営した者は累計で1万7349人に過ぎなかった。

しかし、兵力が著しく消耗した戦争末期になると、特別志願兵制度で適格者と判定された者たちが次々に招集されるようになる。

陸軍特別志願兵制度に応募した若者たちには、朝鮮軍司令部が身体検査や学科試験、面接

陸軍特別志願兵制度の志願者数

年度	志願者	入所者数	選抜率	志願倍率
1938年	2946人	406人	16.2%	7.3倍
1939年	12,348人	613人	4.9%	20.2倍
1940年	84,443人	3,060人	3.6%	27.6倍
1941年	144,743人	3,208人	2.2%	45.1倍
1942年	254,273人	4,077人	1.6%	62.4倍
1943年	303,394人	6,000人	1.9%	50.6倍

（「朝鮮及台湾ノ現状／１ 朝鮮及台湾ノ現況 １」より）

などを実施し、選りすぐった人材を「適格」として認定していた。一方、日本内地では長引く戦争で適格者が根こそぎ徴兵されている。そのため兵士に不適格な者や中高年も徴兵せざるを得ない状況。それと比べたら、朝鮮半島から動員されてくる若者たちは兵士としての資質に優れていた。

学徒動員が始まると、４０００人以上の朝鮮人大学生や高校生がこれに志願して軍隊に入営した。また、昭和19（１９４４）年には朝鮮半島でも徴兵制が実施されて、さらに多くの朝鮮人の若者が兵士となっている。

旧引揚援護庁復員局は、軍事動員された朝鮮人の数を約37万人と推定していた。外務省アジア局第一課が調査した「朝鮮人戦没者遺骨問題に関する件」ではさらに詳しく、陸軍が約25万７０００人、海軍は約12万人と記されている。

陸海軍では兵士の他にも、軍の仕事に従事する「軍属」と呼ばれる民間人がいた。約37万人の朝鮮人軍関係者には、12~15万人と推定される軍属が含まれている。これを差し引いた正規の軍人の数は22~25万人ということになる。

終戦時、日本軍は国内外に約４００万人の兵力を有していた。そのうち5~６％は朝鮮人兵士で占められていたということだ。朝鮮半島で徴兵制度が実施されたこともあり、戦争がもっと長引いていればその割合はさらに上昇していただろう。

世界中を敵にまわして広大なアジアを支配するには、内地の日本人だけでは足りない。朝鮮半島の人的資源でそれを補う必要があった。

日中戦争が始まった頃から、日本政府や朝鮮総督府の努力もあって朝鮮人の「国民意識」は高まってくる。労働力としてはもちろん、兵力として使える目処が立ってきた。朝鮮半島経営の収支はあいかわらず赤字だったが、人的資源という点では植民地保有のメリットはある。当時の為政者たちもそう考えていたと思う。

しかし、戦争のために活用しようとした人的資源だけに、戦争に敗けてしまえばそれはすべて無駄だったともいえる。日本が勝手にやらかした戦争だけに、朝鮮人に責任はないのだが……最終的には何の利益にもならなかったということ。それどころか、戦後はそれが予想もしなかった不利益を生じさせている。

戦後に独立した韓国では戦時中の慰安婦や徴用工について、それが人権を著しく侵害した非道として日本を糾弾するようになる。

韓国政府や民間団体が世界に向けて日本を非難し、日本側でも様々な対応に迫られる。このイタチごっこに、膨大な労力と金が費やされた。そこから利益が生まれることはなく、関わる人々を疲弊させるだけ。日本のイメージも傷つけられる。それは戦後70年以上が過ぎても終わることなく、不利益を垂れ流しつづけている。

【第七章】いまも増殖し続ける負の遺産

日本の敗戦ですべてが変わった

昭和20（1945）年8月15日、朝鮮半島でも玉音放送が流れた。この時すでに朝鮮半島北部に侵攻していたソ連軍は、8月16日にアメリカが提示した「北緯38度線で米ソが占領地域を分割する」という案に同意。アメリカ軍のほうも9月8日から朝鮮半島南部への進駐を開始している。

9月9日になると朝鮮総督・阿部信行が降伏文書に調印した。これによって35年間の植民地統治は終焉する。アメリカ軍は朝鮮総督府の組織と施設を接収して軍政を実施した。総督府庁舎も軍政庁として使用されることになる。

アメリカ軍支配地域では、朝鮮半島残留を希望する者が多数派だった。多くの在留日本人が朝鮮半島に経済的地盤を築き、朝鮮語を習得している。ここを故郷と思う者もいる。しかし、その希望は叶えられず。

「日本人は軍政当局の指導の下に、輸送力の許すかぎり急いで引揚げさせる予定である」

軍政長官に就任したアーノルド少将は着任早々このように語り、日本勢力を朝鮮半島から一刻も早く排除しようと躍起になる。土地や財産を処分する暇も与えずに、日本人を引揚船に追い立てた。

9月25日になるとアメリカ軍政庁は「敵産ニ関スル件」なる法令を布告して、日本人の不動産処分を禁止した。また、金や銀、有価証券、宝石、美術品、さらにはカメラなど高価な品々は引揚船への持ち込みが禁じられる。現金についても1人あたり1000円までに持ち出しが制限され、人々はこれまで蓄えた財産を泣く泣く置き去りにして、朝鮮半島を去るしかない。

日本が太平洋戦争で敗北したことで、朝鮮も降伏。日本の国旗が降ろされていく。

38度線以北、ソ連軍支配地域で暮らしていた者たちの状況はさらに悲惨である。家や土地、財産の多くを接収されたのは米軍支配地域と同様。軍規の乱れたソ連軍兵士による略奪や暴行が頻発し、不衛生な環境からコレラなどの伝染病も蔓延している。財産を失うだけではなく、命も失う危険があった。

ソ連軍の輸送能力は貧弱で、日本人の帰還事業にまわす余力がない。日本人はすべてを奪われて放置され、生き残るために自力でアメリカ軍支配地域の仁川や釜山へ移動せねばならない。38度線を徒歩で越える苦難の旅を強いられた者も大勢いた。

終戦から間もない頃に日本政府引揚同胞世話会がまとめた「在朝鮮日本人個人財産額調」では、日本人が朝鮮半島に残した個人資産は257億7115万円と報告されている。GHQ（連合国軍最高司令官総司令部）も、日本政府に在外日本資産についての調査を命じていた。それによれば、朝鮮半島の日本政府や企業、個人の資産をすべて合計すると59億4000万ドルになるという。当時の1ドル＝15円のレートでは、日本円にして891億2000万円。現在のGDPは昭和20年当時の501倍、それを当てはめると44兆6491億2000万円という数字になる。

また、平成13（2001）年の産経新聞にも、この件に関する記事が掲載された。記事では消費者物価指数などをもとにして、約891億円の日本資産は平成13年時点の貨幣価値にすると16兆9300万円になると推計している。

わずか数日で諸物価が激変するような大混乱の終戦直後である。これを現在の貨幣価値と比較して論じるのは難しい。しかし、35年間かけて蓄えた財産は数十兆円に達する莫大なものであることは間違いない。日本の官民はそれを回収することができずに、朝鮮半島から追い出されてしまった。

総額数十兆円にもなる日本人の資産の行方は!?

昭和20（1945）年12月になると、モスクワで米英ソ3カ国の外相会議が開催された。この時に米ソ両国が共同委員会を設置して、朝鮮半島を信託統治する方針が決定している。これによって米ソ両軍の分断統治が解消され、近い将来には単一の独立国が誕生するはずだったのだが。

しかし、米ソの対立により共同委員会はまったく機能せず。また、半島南部の右派民族主義者は、ソ連に後押しされた左派の勢力が強まるのを警戒して信託統治に猛反発していた。業を煮やしたアメリカが国際連合に南北朝鮮総選挙と統一政権樹立を訴える。

李承晩

昭和23（1948）年5月には、アメリカの求めにより国連選挙監視団が朝鮮半島に派遣され、米軍軍政下の朝鮮半島南部で国会議員総選挙がおこなわれた。選挙は右派勢力が圧倒的勝利を収めて、右派・民族派の領相である李承晩（イスンマン）が初代大統領に就任。日本の終戦記念日にあたる8月15日には大韓民国樹立が宣言される。

一方、選挙が実施されなかったソ連軍占領下の38度線以北では、9月9日に朝鮮労働党が統治する朝鮮民主主義人民共和国が成立した。日本から没収した資産の大半は米ソの軍政当局からふたつの分断国家に引き継がれ、国家建設の原資に使われることになる。

891億円の日本資産は「戦勝国」の権利として受け取った賠償。と、韓国や北朝鮮ではそのように言われる。しかし、戦時中の朝鮮半島は日本の「国内」であり、戦後になってそこから分離独立した地域だ。日本と戦争していたわけではない。

連合軍諸国も両国を戦勝国とは認めていなかった。そのため、連合国諸国と日本との戦争状態を終結させるために開催されたサンフランシスコ講和会議でも、韓国は出席を望んだが、

1948年8月15日の大韓民国政府樹立国民祝賀式

連合国側に拒まれている。

講和会議に出席していなかった戦勝国以外の国々とは、日本が個別交渉して国交を樹立した。その際には、戦時中に日本軍占領地となり被害を被った東南アジア諸国に賠償金が支払われた。

朝鮮半島で接収された日本資産も、被害国が受け取るべき代償となるのか？　しかし、戦時中には朝鮮人も日本兵として銃を手にアジア各地に侵攻している。その事実からすれば、被害者というよりは加害者の側になるだろう。

戦時中に日本の一部だった朝鮮半島は、戦勝国や戦争被害国にはなりえない。それなら、日本の植民地支配に対する賠償ということではどうか？

戦勝国や被害国に対する賠償や補償とは違って、植民地への賠償に関する国際法は存在せず。欧米列強諸国もかつての植民地に賠償をおこなったという事例はない。それにくわえて、明治40（1907）年に成立したハーグ陸戦条約には、私有財産を没収することはできないという規程がある。日本人個人や日本の私企業の資産を、他国が勝手に奪うことはできない。

日本資産を奪うことに正当性が見つからない。

それでも、米軍政庁は日本資産の大半を韓国に委譲してしまった。アメリカや他の連合国諸国では、この問題をどのように考えていたのだろうか？

サンフランシスコ平和条約の第4条には、日本の在外資産についても記されているが……それによれば、

「日本国とこれら当局の間の特別取極の主題とする」

この件に関しては当事国同士が話し合って解決せよと、判断を避けている。日本が韓国や北朝鮮と話し合って解決するしか手がない。

朝鮮戦争後、日本と大韓民国は国交樹立のために動くようになり、平和条約締結をめざし

て両国間では予備交渉がおこなわれていた。日本政府は当然、朝鮮半島に残した日本資産の返還を要求している。

日本の対外資産（1945年8月5日時点）

地　域　名	金　額
朝鮮	702億5600万円
台湾（中華民国）	425億4200万円
中国　東北	1465億3200万円
華北	554億3700万円
華中・華南	367億1800万円
その他の地域（樺太、南洋、その他南方地域、欧米諸国等）	280億1400万円
合　計	3794億9900万円

（出典：外務省の調査より）

戦後にイギリスから独立したインド、オランダから独立したインドネシアでも、そこに居留していた旧宗主の国民や企業の財産権が奪われることはなかった。オランダはインドネシアに建設したインフラ施設の権利を譲渡した代償まで要求している。

そういった前例もあるだけに、日本政府は没収された資産を取り戻すことは充分可能だと考えていた。

日本が朝鮮半島に残してきた資産のうち、約429億円分は韓国領内にあった。日本政府はそれに相当する金額の返還を求めたが、韓国側から拒絶されてしまう。戦争の結果によって日本から独立した韓国は、戦争で勝利を得た連合国諸国と同等の権利を有しているという従来の主張を変えない。

日本はいずれ資産の返還要求をしてくるだろう。韓国側もそれは予測していた。サンフランシスコ講和会議出席を執拗に要求したのも、日本の資産返還要求を退けるために「戦勝国」という既成事実を作っておこうという思惑によるものだ。

さらに韓国側では、植民地支配によって日本から受けた被害は、米軍から委譲された日本資産だけではまだ足りないと訴える。そのため昭和24（1949）年には、GHQへ「対日賠償要求調書」を提出して約21億ドルの追加賠償を求めている。日本との交渉の席でも、それと同額の追加賠償を請求してきた。

日本側からすれば、戦勝国や戦争被害国でもない相手に賠償金を支払う義務はなく、残してきた資産は返還されるべきだと考えている。話がまったく噛みあわない。10年以上の歳月を費やしても、双方が合意することは難しかった。

しかし、時間が経つにしたがって、日本側は苦しい状況に追い込まれる。譲歩を求めるアメリカの圧力にくわえて、韓国に人質を取られていた。

李承晩は竹島の領有権を主張。近海で操業する日本の漁船を次々と拿捕した。

昭和27（1952）年1月、韓国大統領・李承晩はサンフランシスコ平和条約で日本領と認められていた竹島（たけしま）に領有権を主張。アメリカの無効通告を無視して国境線を引き、竹島近海で操業する日本の漁船を次々に拿捕した。

200隻以上、3929人もの船員が帰国を許されずに韓国内の留置場に勾留された。現在の北朝鮮と同様、当時の日本と韓国には正式な国交がない。漁船員たちを救済する手立てはなく、非人道的な扱いを受けながら10年以上も勾留されつづけている。彼らを救出するためには、一刻も早く交渉をまとめて国交を樹立する必要があった。

結果、日本は韓国側の言い分をほぼ飲まされることになる。891億円の日本資産をすべて放棄して、昭和40（1965）年6月に日韓基本条約が締結された。

この時に「財産及び請求権に関する問題の解決並びに

経済協力に関する日本国と大韓民国との間の協定」と、やたら長ったらしい名称の協定も締結している。これを略して「日韓請求権協定」と呼ぶ。日本は資産の放棄にくわえて、韓国に総額8億ドルの援助をすることが協定で決められた。8億ドルの内訳は無償援助3億ドル、有償援助2億ドル、民間融資が3億ドルとなっている。

植民地支配に対する賠償金を「援助」と名を変えて支払うことになったのである。韓国が『対日賠償要求調書』で求めた追加賠償請求よりも、金額のほうはかなり圧縮されている。交渉の成果といえるだろうか？　それでも韓国国家予算の2～3倍、外貨準備高の6倍以上にもなる金額だった。当時はまだ国際的信用力のない日本円ではなく、基軸通貨の米ドルで受け取るのだから、韓国側にとっては満足できる結果だろう。

日本の外貨準備高は約18億ドル、その40％を奪われてしまうことになる。当時の1ドル＝360円のレートで8億ドルを日本円換算すると2880億円。日韓請求権協定が締結された昭和40年当時と比べて、日本のGDPは3・09倍増えている。それを当てはめると、現代の貨幣価値にして約8899億円。3億ドルの無償援助分だけでも約3337億円ということになる。

韓国に対しては いつも財布の紐が緩すぎる。何故か？

交渉の席では、戦時中の朝鮮人徴用工に対する賠償も議題に上がった。日本政府の調査により、元・徴用工や軍人・軍属の未払い賃金が9600万円残っていることが確認され、これに見舞金を上乗せして支払うことは日本側も納得している。元・徴用工個人への支払いを日本政府が直接おこなうと申し入れたのだが、

「支払いはこちらでおこなうので、一括して支払って欲しい」

韓国政府がこのように回答して、日本政府もそれを了承。無償援助3億ドルという金額は、元・徴用工や軍人・軍属への賠償金を含めて算出したものである。

日韓基本条約が制定されてから10年後の昭和50（1975）年になって、韓国政府はやっと元・徴用工への支払いを実行した。しかし、1人あたりの支払額は30万ウォン（約2万2400円）。すべて合計しても、無償援助3億ドルの5％程度にしかならない金額だった。基本条約締結時からの物価上昇分を割り引くと、パーセンテージはさらに下がる。あまりに

少なすぎる。当時から支給額に不満をもつ者は多かったという。

また、元・徴用工とともに現代の日韓間でとかく問題となる慰安婦については、交渉の議題に上がっていなかった。

当時の韓国大統領・朴正熙（パクチョンヒ）は日本軍陸軍士官学校に学び、日本陸軍の関東軍第120師団工兵隊に見習士官として従軍した経験がある。朴大統領の他にも、韓国政府内には兵士や軍属として日本軍で働いた者が大勢いた。朝鮮人慰安婦の存在を知らなかったでは通らない。知っていたはず。だが、それを問題視していなかった。そういったところだろう。朝鮮戦争では韓国政府も慰安婦を募集し、国連軍や韓国軍のために慰安所を作ってこれを管理していた。それは当時の韓国においても合法であり、問題になるような話ではなかったということだ。

13年間に及ぶ長い交渉の末、日本の植民地支配によって生じた被害はすべて洗い出し、それに見合う賠償金額が双方納得のうえで決定された。韓国側は多額の援助と引き換えに、対日請求権がすべて消滅したことを認めている。

日韓請求権協定にも、「両国及び両国民の間の請求権に関する問題は最終的に解決されており、今後はいかなる主張もすることはできない。と、明記されている。

891億円の資産を放棄し、さらに、8億ドルの「援助」までさせられた。日本側にとっては納得できないところは多々あるが、これで「植民地・朝鮮半島」から生じる負債はすべて清算された……はずだったのだが。

この後も、日本は韓国への経済協力や借款を与えつづけた。しかし、韓国が経済発展を遂げて開発途上国から脱した80年代になると、さすがに援助を名目にして借款を求めるのは難しくなってくる。

全斗煥

そこで韓国では日本から金を引き出す新たな理由を見つけだす。昭和58（1983）年に中曽根康弘首相が訪韓した際、全斗煥（チャンドゥファン）大統領は会談の席で、

「韓国は北朝鮮の脅威から日本を守る防波堤になっているから、その代償を支払うべきだ」

と語り、7年間で18億5000万ドルを目途とする円借款を求めてきた。

中曽根首相はその要求を受け入れて、3281億円を供与してしまう。ドルで換算すると18億4900万ドル。言われるがまま金を貸したのである。これには政府内外から弱腰外交という批判が起きている。

この他にも、ODA（政府開発援助）による日本の対韓援助は90年代後半までつづいた。有償・無償資金援助や無償技術協力などの総額は6742億4500万円。これにくわえて、日本政府が旧日本輸出入銀行を経由しておこなった公的融資は1兆2794億円にもなる。

30年以上の年月にわたる累計なだけに、これも現代の貨幣価値に置き換えるのは難しい。しかし、韓国が90年代までに外国政府や国際機関から受けていた借款は、その60％以上が日本からの融資で占められていた。日本政府の過保護ぶりは、そこから察することができるだろう。

人質を取られた不利な交渉で、朝鮮半島の日本資産の返還要求を突っぱねられ、あげくに多額の追加援助をさせられた。日本側が最大限の譲歩をして、日韓基本条約の締結にこぎつ

日本の韓国への政府開発援助実績（外務省のデータより）

	有償資金協力※	無償資金協力※	技術協力※
1965～1990年度	6,455.27億円	47.24億円	151.94億円
1991～1998年度	―	―	88.00億円
合　計	6,455.27億円	47.24億円	239.94億円

※「有償資金協力」は、返済を前提とした貸付。外務省によると韓国は2015年に全額の返済を完了しているという。

※「無償資金協力」は、返済の義務のない資金協力。発展のために必要な資材や機材、設備等の購入に使われる。

※「技術協力」は、途上国の経済や社会の発展のために、日本の技術を無償提供するもの。所得水準が比較的高いため無償資金協力・有償資金協力の対象とならない国・地域に対して行われる。

けたのである。

もはやこれ以上の譲歩はありえない。普通ならそうなるはずが、普通ではない日韓関係はこの後もつづく。日本の歴代内閣は、常に韓国の要求を受け入れて譲歩しつづけた。

何がそうさせたのか？

米ソ冷戦時代には、西側諸国の最前線に位置する韓国が日本の防波堤と機能してきた。全斗煥大統領の言い分には一理あるが、日本も在日米軍に土地や港湾を貸し与えて多額の駐留予算を負担している。在日米軍は韓国を守るためにも存在する。つまり、韓国だけが一方的に負担を強いられているわけではなかった。

また、90年代のソ連崩壊後はその脅威も遠のき、韓国という防波堤はさほど必要ではなくなる。それでも日本政府の韓国に対する甘さ、財布の紐の緩さは変わらない。国防の問題だけではない、何か他の理由もあるはず。

民間企業もまた、韓国に対しては甘かった。たとえば、昭和38（1963）年に日本のとある即席麺の老舗メーカーが、韓国の食品メーカー・三養（サムヤン）食品にインスタントラーメンの製造技術を供与している。

三養食品の創業者・全仲潤（チョンジュンユン）氏に直談判で懇願されて、日本メーカーの社長がこれを快諾。製法や原料配合表を教えて、技術料やロイヤリティを一切取らなかったという。

当時、インスタントラーメンが製造できたのは数社の日本メーカーだけ。どこの会社でも貴重な技術が漏洩せぬよう神経を使った。とくに原料配合表などは社内でも一部の者しか知らない重要機密である。それを他国の企業に無償で提供するとは……大盤振る舞いを通り越して、考えられない非常識。業界内ではそう言われていたという。韓国相手だと、そういった非常識がよく起こる。

他にも鉄鋼、化学繊維、電化製品、等々。日本企業から韓国企業に多くの技術が供与されているが、そのなかにはインスタントラーメンの時と同様に破格の条件だったり、非常識な脇の甘さが指摘される事例が目につく。

何故、韓国相手だとこういったことが起こるのか？　それは過去への贖罪意識が影響しているのかもしれない。

〝遺産〟の枯渇に韓国側も焦っているのか!?

平成18（2006）年9月に第一次安倍内閣が発足した。この時に「初の戦後生まれの首相」というキャッチフレーズがよく聞かれたものだ。

しかし、戦後初の総理大臣が登場したこの段階でもまだ、日本の舵取りをする政治家や高級官僚、企業のトップは戦前・戦中派が多数を占めていた。朝鮮半島を支配していた頃を実際に見て知る人々である。

当時の日本が朝鮮人をどのように扱ってきたのか、彼らはそれを知っている。歴史の教科書や書物には書かれていない事、また、文章で表現できない空気も感じ取っていただろう。戦後何十年が過ぎても消えない贖罪意識を植えつけるほどに、醜いものだったのだろうか？

戦後生まれの我々には知る由もない。それを見てきた世代と同じ思いを抱くことはできない。我々にとっての植民地・朝鮮半島は遠い過去の「歴史」でしかない。江戸時代や戦国時代と同じで当事者意識のない他人事だ。７００年前の元寇で、高麗軍が日本領内でおこなった残虐行為に激昂するような日本人はいない。謝罪や賠償を要求することもない。それと同じこと。

それだけに割り切ることができる。日韓基本条約の締結によって、両国の請求権は消滅した。過去が清算されたことは、紛れもない事実として認識している。貸し借りのない対等の関係になったのだから、それ以上の特別な譲歩などする必要はないと考える。

韓国に対して繰り返しおこなわれてきた譲歩や特別な配慮。その原因が、戦前世代がいつまでも抱えつづける贖罪意識にあるとするならば、これもまた朝鮮半島を「植民地」にしてしまったことで生じた不利益だろう。

それはまた韓国や北朝鮮にとっての利益にもなる。植民地支配の苦痛に対する償いは、貴重な過去の遺産である。しかし、遺産は日本の戦前世代の退場によって枯渇してくる。

大切な財源を枯らしてはならない。これを次世代にも残すための手を打たなければならな

「女性のためのアジア平和国民基金」に資金を拠出する森喜朗総理大臣（当時）と基金の理事長を務めた村山富市元総理。基金は韓国の他、台湾やフィリピン、オランダ、インドネシアの元慰安婦に補償を行い、2007年に解散した。（写真提供：時事通信）

い。相手の立場からすれば、当然そう考えるだろう。

平成5（1993）年8月には「心からのお詫びと反省の気持ちを申し上げる」という河野洋平官房長官（当時）の談話が発表された。

韓国の元・従軍慰安婦が日本政府に賠償を求めて提訴したことから、日本側はその調査をおこなった。結果、慰安婦の募集や慰安所の管理などに旧日本軍が関与したことが確認されて、河野長官が元・慰安婦たちへの謝罪を表明したのである。平成7（1995）年には「女性のためのアジア平和国民基金」が設立され、日本政府はこれに総額48億円を拠出して元・慰安婦たちの救済事業もおこなった。

しかし、平成25（2013）年に朴槿恵（パククネ）大統領が就任すると、慰安婦への謝罪と賠償が不十分だとして話が蒸し返される。戦後生まれの安倍総理大臣もまた、ここで譲歩してしまう。新たに10億円を拠出した「和解・癒やし財団」を設立して、安倍首相からは慰安婦たちに「おわび」の手紙も送られた。が、さすがに日本政府も過去の韓国相手の交渉で学んでいる。

「この問題が最終的かつ不可逆的に解決されることを確認する」

と、合意文書にこの文言を入れることを強く求めた。話を二度と蒸し返させないために、言質を取ったのだ。

しかし……それでもまだ、終わらない。

平成29（2017）年に就任した文在寅（ムンジェイン）大統領は、前政権が取り交わされた慰安婦問題の日韓合意について、韓国民が納得していない屈辱的な内容だと批判。そして、

「間違った交渉は必ず正す」

このように宣言して、「和解・癒やし財団」を解散させてしまう。

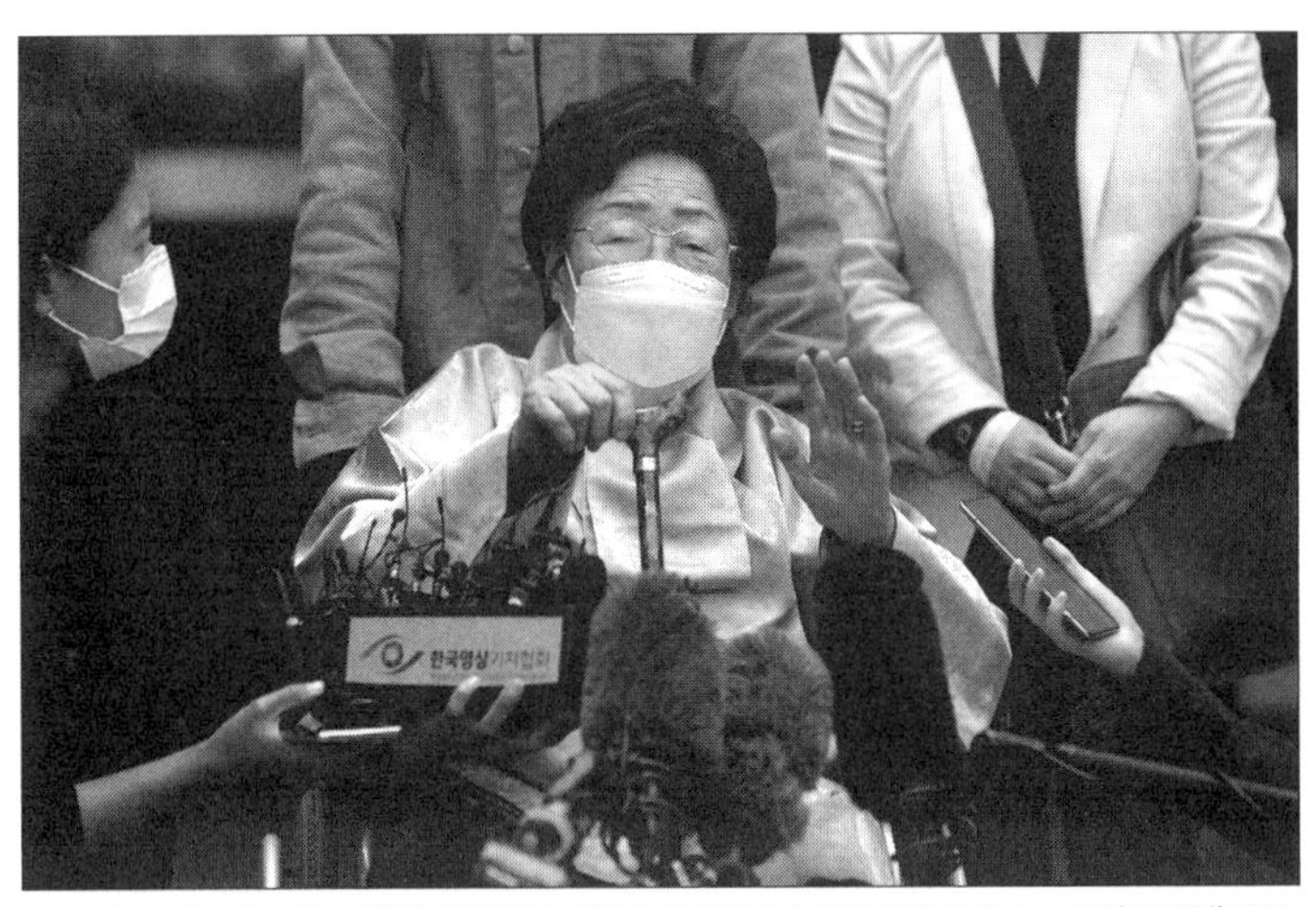

2021年4月には、別の裁判で慰安婦の請求を棄却する判決が下された。写真は原告のの李容洙氏。補償を巡っては韓国国内でも混乱が生じている。（写真提供：EPA＝時事）

さらに令和３（２０２１）年１月になると、ソウル中央裁判所で元・日本軍慰安婦たちが損害賠償を求めた裁判の判決が下り、日本政府に対して原告１人あたり１億ウォン（約９５０万円）の支払いが命じられている。国際法では主権国家が他の主権国家を裁くことはできないという主権免除の原則がある。だが、反人道的行為に主権免除は適用されないというのが韓国司法の判断だった。

「最終的かつ不可逆的」の文言は、何の効力も発揮しなかった。河野談話で日本側が謝罪を表明してから四半世紀以上が過ぎても状況は変わらない。反省が足りないと、韓国側は繰り返し謝罪を求めてくる。文在寅大統領もこの問題について、日本政府があらためて公式謝罪しない限りは真の解決にはならないということを口にしていた。

放棄した朝鮮半島の日本資産、日韓請求権協定締結時に支払った援助金。それらと比べれば、慰安婦基金の拠出金などは微々たるものだ。現在の韓国政府なら自前でも簡単に拠出できる金額だろう。金の問題ではない。金よりも謝罪。それが重要だった。

また、平成30（２０１８）年10月には韓国の最高裁にあたる大法院が、戦時中の元・韓国人徴用工やその遺族に対して日本企業に損害賠償を命じる判決を下した。日韓請求権協定には日本が犯した反人道的不法行為に対する個人賠償は含まれておらず、請求権は残っているというのが司法の判断である。

だが、請求権協定締結時に日本が支払った無償3億ドルの援助のなかには、個人に対する賠償金も含まれている。韓国政府が代行して被害者に支払う約束だった。当然、韓国政府はその経緯を知っているだけに、日本からこれ以上の金を取るのは難しいことは分かっている。

そのため、日本企業が謝罪して賠償に応じれば、韓国政府がその代金を全額返済するという案を非公式に打診していた。ここでもやはり、韓国が欲しがったのは金よりも謝罪である。

過去の謝罪は不十分、反省が足りない。と、韓国は繰り返し謝罪を求めつづける。右派政権だろうが左派政権だろうがそれは変わらない。近年になってからは、なおさらその頻度が増えているような……過去への贖罪意識のない戦後世代が、日本の政治経済の中枢を占めるようになってきた。それに焦りを感じているのかもしれない。

過去の財産を守ってゆくためには、執拗なマウンティング行為をつづけねばならない。繰り返し謝罪を求めることで、戦後世代にも贖罪意識を植えつける。日本人に贖罪意識が残っているかぎり、韓国に対する配慮や忖度はつづく。それが韓国に有形無形の利益を与えてくれることになる。

「相手国がもういいでしょうと言うまで謝るしかない」

作家の村上春樹氏がこのようなコメントをして物議を醸したことがある。戦後世代にも、このように考える者は多少なりとも存在する。韓国の戦略はある程度は成功しているのかもしれない。

しかし、それを受け入れてしまえば、戦後生まれの我々もまた「歴史」への謝罪と賠償を支払わねばならなくなる。植民地・朝鮮半島の負債は、この先も果てしなく増えつづけることになるだろう。

おわりに

黎明期の近代国家・日本が、他国の侵略に怯えていた頃。国土防衛のため、国境線の外側に「利益線」という外堀を築く戦略構想が生まれた。それに基づいて朝鮮半島に深くかかわるようになる。

列強諸国から〝不良債権〟と見られていた地。だが、手を出さないわけにはいかない。採算を度外視した莫大な投資も、この地を他国に奪われるのが怖かったから。利益は二の次、最も重視すべきは国防である。それが当初の目的だった。

戦後になっても、日本にとって朝鮮半島の地政学的重要性は変わらない。植民地・朝鮮半島は失われたが、これを日本防衛の外堀とする明治時代からの戦略方針は生きていた。韓国に対する財布の紐の緩さは、過去への贖罪意識にくわえて、朝鮮半島の半分だけでも外堀として機能させせようという心理が影響している。

明治政府が当初めざした目的に立ち戻り、朝鮮半島に日本の外堀となる友好的で安定した政権を育てる。そのために多額の援助もしてきた。

しかし、その結果はどうだろうか？

終戦直後から共産主義陣営に取り込まれた北朝鮮は言わずもがな。70～80年代の日本海沿岸で頻発した日本人拉致事件、特殊艇を使った工作員の密入国、等々。自衛隊や海上保安庁は神経を患われつづけた。近年は弾道ミサイルに対応するため、最新鋭のイージス艦を日本海に常駐させねばならない状況に。海上自衛隊は8隻のイージス艦を保有するが、1隻約2400億円という高価な代物だ。北朝鮮のような敵対国家が近隣に存在しなければ、これだけの隻数は必要ない。国防費の負担もかなり減ったはず。

では、日本の外堀として期待した南半分はどうか？　韓国軍はイージス鑑や大型潜水艦など高価な軍備を揃え、軽空母の建設計画までスタートさせた。北朝鮮相手には必要のない装備。それは日本を仮想敵国としたものだといわれる。

実際、竹島では日本側からの襲撃を想定した軍事演習が実施され、平成30（2018）年には韓国海軍艦艇による自衛隊哨戒機への射撃管制レーダー照射事件が起きている。あきらかに敵対国家に対する対応。あれこれと気を使い、様々な援助をしてきたのだが、外堀の役目を果たすどころか、喉元に突きつけられた危険な刃物になりつつある。

最近の韓国では、日本に好意的な意見を語る自国民を「土着倭寇」と呼んで容赦なく糾弾する風潮も強い。また、旭日旗を見れば、それが他国であっても撤去を叫んで執拗な抗議におよぶ。異様な敵愾心（てきがいしん）は「鬼畜米英」を叫び、英語を敵性語として徹底的に排除した太平洋戦争時の日本と似た感もあり。

激しい憎悪の炎を燃やしつづけるエネルギーの源は、過去の植民地支配だろう。平成17（２００５）年には、日本の植民地支配に協力して利益を得た者の財産を没収するという「親日反民族行為者財産の国家帰属に関する特別法」が公布された。植民地支配が終焉して70年以上の時が過ぎた今も、絶対に許してはならない悪行なのだ。

朝鮮半島にとって、日本の植民地支配は終わった問題ではない。日本の植民地支配がなければ、国家が分断される現在の状況は起こらなかったはず。

同じ民族同士で凄惨な殺し合いをさせられ、いまなお38度線で睨み合い交流が厳しく制限されている。悲劇は現在進行形……韓国と北朝鮮が分断された状態のつづくかぎり、憎悪のエネルギーも供給されつづける。敵対行動はさらに過激なものとなり、日本側もその対応に追われる。外交や国防に費やす時間とコストも増えてゆく。

朝鮮半島に友好的で安定した政権を築く。と、日本が当初の目的から逸脱せず、朝鮮半島の植民地化を踏みとどまっていればどうなっていたか？　統一された独立国家を維持していたのか、中国やロシアの一部になっていたか？　それはわからない。が、少なくとも、ここまで憎まれる対象にはならなかっただろう。

それこそが最大の損失。朝鮮半島の植民地支配で大損しただけではない。それが仇となり最低限確保せねばならない「国土の安全」も失って、いまも損失を膨らませつづけている。この先も日本は敵視され、膨大な国防予算の負担を強いられるだろう。世界各地でおこなわれる慰安婦像設置や旭日旗へのネガティヴキャンペーンなど、日本のイメージを損なう敵対行動に対処する労力も馬鹿にならない。

植民地支配が生みだした日本への憎悪は、利息の高い厄介な負債だ。返済が追いつかずに借金額はどんどん増えつづける……悪徳金融業者からうっかり融資を受けると、こんな感じになるのだろうか。手をだすべきではなかったと、誰もが後になって後悔する。

参考文献

『植民地朝鮮の日本人』高崎宗司（岩波新書）

『受け継がれし日韓史の真実　朝鮮引揚者の記録と記憶』豊田健一（幻冬舎）

『日本植民地時代の朝鮮経済』ト鉅一・堤一直訳（桜美林大学北東アジア総合研究所）

『日本統治下の朝鮮』木村光彦（中公新書）

『THE NEW KOREA 朝鮮（コリア）が劇的に豊かになった時』アレン・アイルランド（桜の花出版編集部）

『京城のモダンガール』徐智瑛、姜信子・高橋梓訳（みすず書房）

『植民地遊郭　日本の軍隊と朝鮮半島』金富子・金栄（吉川弘文館）

『反日種族主義』李栄薫（文藝春秋）

『韓国併合への道　完全版』呉善花（文春新書）

『伊藤博文と韓国併合』海野福寿（青木書店）

『「日本の朝鮮統治」を検証する1910－1945』ジョージ・アキタ、ブランドン・パーマー・塩谷紘訳（草思社文庫）

『朝鮮銀行』多田井喜生（ちくま学芸文庫）

『からゆきさん』森崎和江（朝日新聞社）

『西洋と朝鮮　その異文化格闘の歴史』姜在彦（文藝春秋）

『日本植民地探訪』大江志乃夫（新潮選書）

『戦後日韓関係史』李庭植・小此木政夫、古田博司訳（中央公論社）

『韓国　近い昔の旅　植民地時代をたどる』神谷丹路（凱風社）

『「月給百円」サラリーマン』岩瀬彰（講談社現代新書）
『値段史年表』（朝日新聞社）
『円の侵略史』島崎久彌（日本経済評論社）
『日本植民地経済史研究』山本有造（名古屋大学出版会）
『戦争責任・戦後責任　日本とドイツはどう違うか』粟屋憲太郎他（朝日選書）

（ネットから）
『朝鮮総督府統計年報』（国会図書館デジタルコレクション）
『施政三十年史』朝鮮総督府（国会図書館デジタルコレクション）
『朝鮮総覧』朝鮮総督府　（国会図書館デジタルコレクション）
『朝鮮金石雑記』如因居士　（国会図書館デジタルコレクション）
『山県有朋意見書』（国会図書館デジタルコレクション）
『日本人の無住地への移住（〈特集〉跨境コミュニティにおけるアイデンティティの継続と再編）』崔吉城〈白山人類学〉
『朝鮮移住案内』東洋拓殖株式会社（琉球大学附属図書館）
『１９１０年代満州における朝鮮銀行券の流通と地域経済』石川亮太
『日本統治期の朝鮮における水力開発事業の展開』大谷真樹
『植民地期における朝鮮工業化について』河合和男
『植民地期における在朝日本人の企業経営――朝鮮勧農株式会社の経営変動と賀田家を中心に――』金明洙
『大正における朝鮮産米の海上輸送と釜山』樋口節夫
『日本土木建設業の近代化と「朝鮮人」労働者の移入』大村陽一
『日本統治下における台湾・朝鮮の貿易物価の分析』溝口敏行

『日本・台湾・韓国の長期成長の分析　1885-1990』貫名貴洋・溝口敏行〈広島経済大学研究論集〉
『近代日本の植民地における家計支出構造と煙草消費の特徴 - 満州・台湾・朝鮮の家計調査から -』
『朝鮮居留地における日本人の生活態様』木村健二〈一橋論叢〉
『韓国農業の成長分析　1910-1980』李勝男〈北海道大学農經論叢〉
『１９３０年代における日本・朝鮮・台湾間の購買力平価：実質消費水準の国際比較』袁堂軍／経済産業研究所、深尾京司／経済産業研究所
『京城（現ソウル）の郊外住宅地形成の諸相』砂本文彦
『日本統治下の朝鮮における憲兵警察機構（一九一〇～一九一九）』松田利彦〈京都大学学術リポジトリ〉
『朝鮮植民地支配を戦後日本はどう見てきたか』望月望〈明治学院大学リポジトリ〉
『大阪における「在日」形成史と階層分化：高齢期 にある在日韓国朝鮮人一世の生活史調査より』庄谷怜子〈大阪府立大学学術情報リポジトリ〉
『朝鮮総督府の朝鮮人官吏・満州国の中国人官吏との比較で』浜口裕子〈慶應義塾大学学術情報リポジトリ〉
『新聞記事文庫』神戸大学附属図書館
@nifty 新聞・雑誌記事横断検索
統計資料　軍事費（第1期～昭和20年）　戦争別戦費（帝国書院）
日本円消費者物価計算機　https://yaruzou.net/hprice/hprice-calc.html?amount=10000&cy1=1985&cy2=2017

著者紹介

青山誠（あおやま・まこと）

大阪芸術大学卒業。著書に『江戸三〇〇藩城下町をゆく』（双葉社）、『戦術の日本史』（宝島社）、『金栗四三と田畑政治』（中経の文庫）、『戦艦大和の収支決算報告』『太平洋戦争の収支決算報告』（彩図社）などがある。雑誌『Shi-Ba』で「日本地犬紀行」、web「さんたつ」で「街の歌が聴こえる」を連載中。

日韓併合の収支決算報告

2021年9月22日　第1刷

著　者　青山誠

発行人　山田有司

発行所　株式会社　彩図社
東京都豊島区南大塚3-24-4
MTビル　〒170-0005
TEL：03-5985-8213　FAX：03-5985-8224

印刷所　シナノ印刷株式会社

URL https://www.saiz.co.jp Twitter https://twitter.com/saiz_sha

ISBN978-4-8013-0552-6 C0021

歴史を金銭面から分析！

青山誠の「収支決算報告」シリーズ

シリーズ第一弾！

戦艦大和の収支決算報告

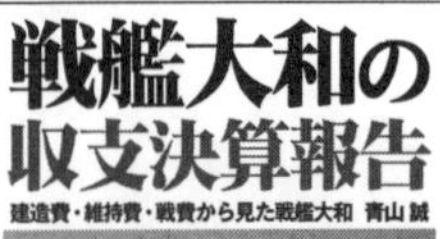

金銭面から解剖すると
全く新しい大和が見えてくる
・粉飾された建造費　・主砲塔輸送のために専用船を建造
・建造時の機密保持のためのコスト　・主砲弾１発の価格
・乗組員の人件費　・停泊時に消費される莫大な石油…

世界一の威容を誇った戦艦大和その建造費は国家予算の実に４パーセントが費やされたとされる。しかし、「主砲弾一発の価格はいくらなのか？」「停泊時に消費される石油の価格はいくらなのか？」「乗組員たちの人件費は？」「建造時の秘密保持のための費用は？」「建造費の粉飾はどのようになされたか？」といったことはほとんど語られていない。

戦艦大和が兵器であった以上、コストと成果は切り離して考えることができない問題だ。そしてコスト面から読み解くことで、大和のまったく新しい姿が見えてくるはずである。

四六判単行本、定価：1000円（本体909円＋税）

シリーズ第二弾！

太平洋戦争の収支決算報告

最盛期には800万人を超える兵力を動員し、とてつもない額の戦費を使い、国力を限界まで傾け、持てる人的資源、物的資源を注ぎ込む——。太平洋戦争は日本にとって、文字通りの〝総力戦〟になった。昭和16年12月8日の真珠湾攻撃、マレー上陸作戦から、昭和20年9月2日の戦艦ミズーリ甲板上での降伏文章調印まで、3年9ヵ月に及ぶこの戦争で、日本はどれほどの損失を被ったのか。また、戦後に国際社会に復帰するためにどれほどの賠償をおこなったのか。太平洋戦争を戦費・損失・賠償など、金銭面から解剖。かつてない戦争の姿が見えてくる。
四六判単行本、定価：1430円（本体1300円＋税）